O Samurai
e o Guerreiro
Interior

IVAN MAIA

O Samurai e o Guerreiro Interior

Um guia prático para lidar com todos os tipos de pessoas

Luz da Serra
EDITORA

Nova Petrópolis/RS - 2020

Editorial:
Luana Aquino
Estefani Machado

Preparação de texto:
Casa Lauand

Capa e projeto gráfico:
Gabriela Guenther

Revisão:
Rebeca Benício

Dados Internacionais de Catalogação na Publicação (CIP)

M217s Maia, Ivan.
O samurai e o guerreiro interior : um guia prático para lidar com todos os tipos de pessoas / Ivan Maia. – Nova Petrópolis : Luz da Serra, 2020.
216 p. ; 23 cm.

ISBN 978-85-64463-93-6

1. Autoajuda. 2. Desenvolvimento pessoal. 3. Autoconhecimento. 4. Vida - Conduta. 5. Felicidade. 6. Relacionamentos. I. Título.

CDU 159.947

Índices para catálogo sistemático:
1. Autoajuda   159.947

(Bibliotecária responsável: Sabrina Leal Araujo – CRB 8/10213)

Todos os direitos reservados. Nenhuma parte desta obra pode ser reproduzida ou transmitida por qualquer forma e/ou quaisquer meios (eletrônico ou mecânico, incluindo fotocópia e gravação) ou arquivada em qualquer sistema ou banco de dados sem permissão escrita da Editora.

Luz da Serra Editora Ltda.
Avenida Quinze de Novembro, 785
Bairro Centro - Nova Petrópolis/RS
CEP 95150-000
livros@luzdaserra.com.br
www.luzdaserra.com.br
www.loja.luzdaserraeditora.com.br
Fones: (54) 3281-4399 / (54) 99113-7657

Dedicatória

À minha esposa Renata e às outras 4 mulheres da minha vida: Bianca, Laura, Marcela e Catarina, que embelezam meus dias e dão muito mais sentido a tudo o que eu faço.

Aos meus meninos e homens da minha vida: Bruno, Augusto, Nuno Felipe e Giovanne, que me permitem ter a alegria de ver minha descendência.

Aos meus pais, **Luiz e Irene**, que me permitiram respirar nessa vida magnífica, e que mesmo quando eu estava perdido no erro e em caminhos destrutivos, nunca deixaram de me amar, acreditar em mim e orar por mim. Obrigado por serem os melhores pais do mundo.

Aos meus "pais postiços", **Leônidas e Antonia**, que me ensinaram – com exemplos e atitudes – a arte de lidar com todos os tipos de pessoas, a doar-se sem limites e sem esperar nada em troca. Que mesmo nas piores fases me amaram e acreditaram em mim.

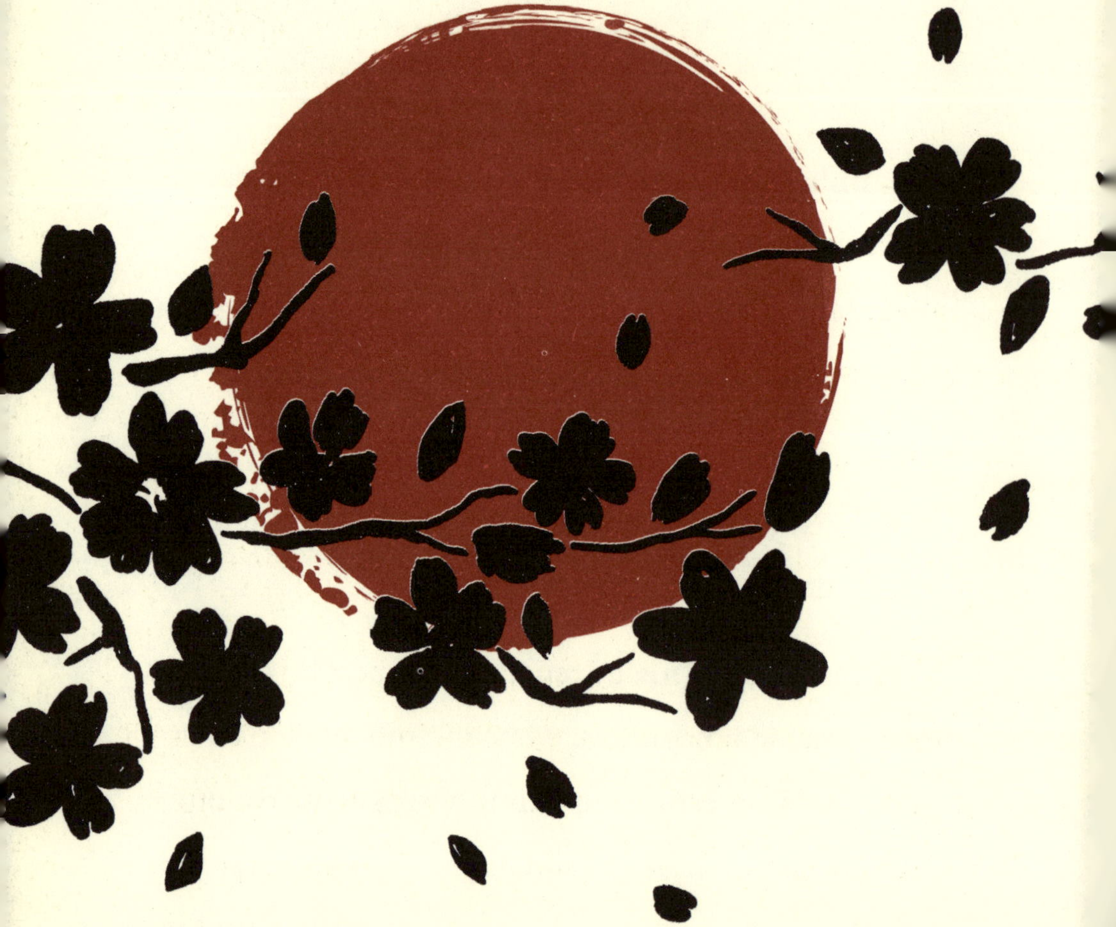

Sumário

Prefácio 9

Um pequeno mapa para você navegar por esta obra 17

Os Alicerces do trato com pessoas 29

Dinastia I – SHIN (Verdade)
Reencontro com o "Guerreiro Interior" 67

Dinastia II – ZEN (Bondade)
Aprendendo com o "Guerreiro Interior" 109

Dinastia III – BI (Beleza)
Fortaleça o "Guerreiro Interior" 151

Palavras Finais 183

Desafio de 21 dias 187

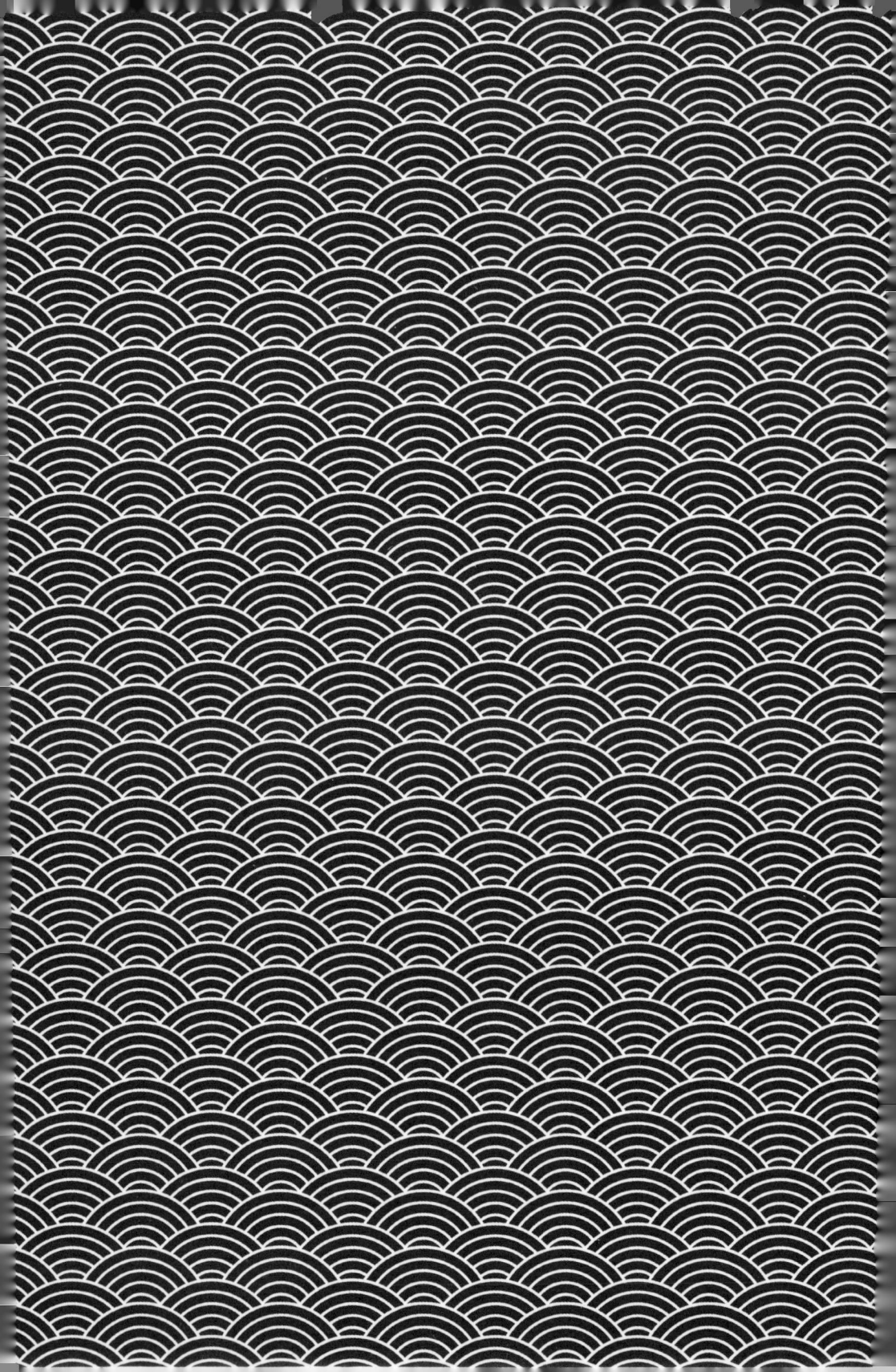

Prefácio

APÓS VÁRIOS ANOS lidando exclusivamente com pessoas em meu trabalho de ajudá-las a serem mais felizes nas 7 áreas de suas vidas, percebi e aprendi muitas coisas sobre o ser humano e suas formas de agir. As pessoas, em sua maioria, dificultam a própria caminhada quando agem ao contrário do que a vida determina, quando ignoram as Leis Universais e a "lógica do Universo". Pude ver os efeitos destruidores da mágoa, da ira, da incompreensão, da intolerância e do desrespeito. Se observarmos atentamente o mundo atual perceberemos que existem algumas coisas que praticamente desapareceram: o respeito, a compostura, a lealdade, o cumprimento da palavra empenhada, os princípios morais e o bom senso. Diariamente recebo e-mails, mensagens e ligações de pessoas pedindo ajuda, pois estão prisioneiras da depressão, do pânico, da angústia e da agonia intensa, muitas vezes por apenas não conseguirem se livrar das lembranças infelizes. Muitos são escravos do passado ou vítimas do futuro, porque vivem ausentes do presente.

Por isso e por outras razões, há mais de 20 anos, a dor que eu sentia ao perceber o sofrimento alheio me estimulou a entrar em ação e fazer a minha parte para tornar a vida das pessoas melhor. Eu reuni um conjunto de PRINCÍPIOS e FERRAMENTAS que pode ser usado em diversas situações, e por qualquer tipo de pessoa. Inicialmente, nasceu um CURSO PRÁTICO cujo nome é, até hoje, A FINA ARTE DE LIDAR COM PESSOAS, o qual tem sido assistido por milhares de espectadores ao longo desses 20 anos e foi a base deste livro: *O SAMURAI E O GUERREIRO INTERIOR*. A cada turma de alunos formados eu podia perceber a diferença que os PRINCÍPIOS faziam na vida daquelas pessoas e, com o passar dos anos, novas FERRAMENTAS foram sendo incorporadas. Cheguei à conclusão de que em forma de curso esse tema alcançaria apenas um número menor de pessoas e estaria sempre limitado à minha presença física. Além disso, os alunos começaram a usar a nossa apostila do curso, que possuía pouco conteúdo escrito – já que nosso sistema de trabalho sempre foi mais voltado à exposição VERBAL – para presentear outras pessoas que eles sabiam precisar daquelas informações. Quando eu decidi elaborar uma apostila mais completa, inserindo nela TODOS os PRINCÍPIOS e FERRAMENTAS do curso, percebi que esta obra tinha que ser escrita, pois ela poderia atingir pessoas em locais onde eu jamais tivesse estado, e se tornaria um MEMORIAL do poder que os seres humanos possuem de tornar sua própria vida muito melhor através das escolhas que fazem e de uma simples mudança em sua forma de pensar e de usar as palavras.

Todas as FERRAMENTAS aqui demonstradas e explicadas foram desenvolvidas com base em modernas técnicas de APRENDIZADO INCONSCIENTE, permitindo que os leitores tenham o máximo de aproveitamento em cada capítulo. Esta obra pode fazer com que você alcance pontos mais altos na sua escalada diária pela paz interior e pelo sucesso; ela pode lhe mostrar caminhos antes ocultos aos seus olhos, que o levarão a andar mais rápido que a maioria das pessoas. Ela pode tornar você uma pessoa INCOMUM e, consequentemente, tudo em sua vida passará a ser igualmente INCOMUM – seus ganhos financeiros, seus relacionamentos, suas amizades, seu intelecto e sua saúde. Ela lhe mostrará que é possível obter vitórias GRANDIOSAS com pequenas atitudes, e que sua maior atenção deve estar nas pequenas pedras em seu caminho, pois são elas as que mais podem prejudicar seus resultados. Esta obra transformará você em um NEGOCIADOR ímpar, aumentará o seu PODER PESSOAL e lhe abrirá as portas do autoconhecimento, que o levará à PONTE para o seu Futuro. Esta obra lhe mostrará como pequenas mudanças podem criar GRANDES FUTUROS.

Existe uma Lei Universal que se chama LEI DA TRANSFORMAÇÃO, ela determina e regulamenta a vida de todos os seres humanos e é formada por CINCO DEGRAUS: *palavras* (que as pessoas falam, leem, cantam, assistem, escrevem ou ouvem), *pensamentos, sentimentos, comportamentos* e *resultados*. Eu a descrevi e a expliquei, cuidadosamente, no capítulo OS ALICERCES DO TRATO COM PESSOAS deste livro. Meu mais profundo desejo é que você se beneficie da leitura, que suas **palavras, pensamentos, sentimentos** e **comportamentos** sejam positivamente alterados, trazendo-lhe os melhores **resultados** que uma pessoa pode desejar. Espero que sua alegria seja multiplicada, que seus dias sejam mais serenos, que seus relacionamentos se tornem cada vez melhores, que as pessoas que você ama vejam a diferença que se operará em você, e que isso lhe faça se sentir muito bem. Desejo que este livro lhe ajude de muitas maneiras, e que a principal delas seja através de uma grande mudança interna, tornando sua vida uma obra-prima com o uso deste guia para lidar com todos os tipos de pessoas e que você descubra tanto o **SAMURAI** quanto o **GUERREIRO** que habitam seu interior!

Acima de tudo, desejo que se lembre, todos os dias da sua vida, que você NÃO PRECISA ser igual a ninguém, e muito menos ser melhor que ninguém, apenas deve ser tão excelente quanto conseguir e for possível; você não precisa competir com outros, apenas consigo mesmo. Quando você compete com os outros, muitas vezes pode perder, trazendo tristeza e fracasso para sua vida; mas quando você compete consigo mesmo, pode vencer sempre, trazendo alegria e sentimentos de vitória para sua existência. Portanto, **jamais aceite ser menos**

do que aquilo que você consegue e do que nasceu para ser. Jamais se contente com o mediano e sempre faça o seu MÁXIMO.

Desejo a você uma vida longa, plena e pacífica, farta de dias felizes, sempre ao lado daqueles que lhe amam e são amados por você. Desejo, ainda, que você alcance a PROSPERIDADE, pois, ao fazer isso, você atrairá a riqueza, já que a fortuna vem sempre depois da prosperidade. Existe um provérbio árabe que diz: *"Se você não tiver inimigos interiores, seus inimigos exteriores não poderão ferir você"*. Portanto, desejo a você uma vida de Grandiosas Vitórias sobre seus **inimigos interiores**. Desejo-lhe conquistas, prêmios e muitos troféus... e algumas derrotas temporárias, para que você aprenda a valorizar cada **vitória** alcançada.

Desejo, finalmente, ajudar você a ser bem-sucedido em todas as coisas que colocar as mãos. Foi por isso que escrevi este livro.

IVAN MAIA

"Quando você muda, o mundo muda. Quando você muda, tudo muda. Mas o mundo não muda com gente muda."

(Ivan Maia)

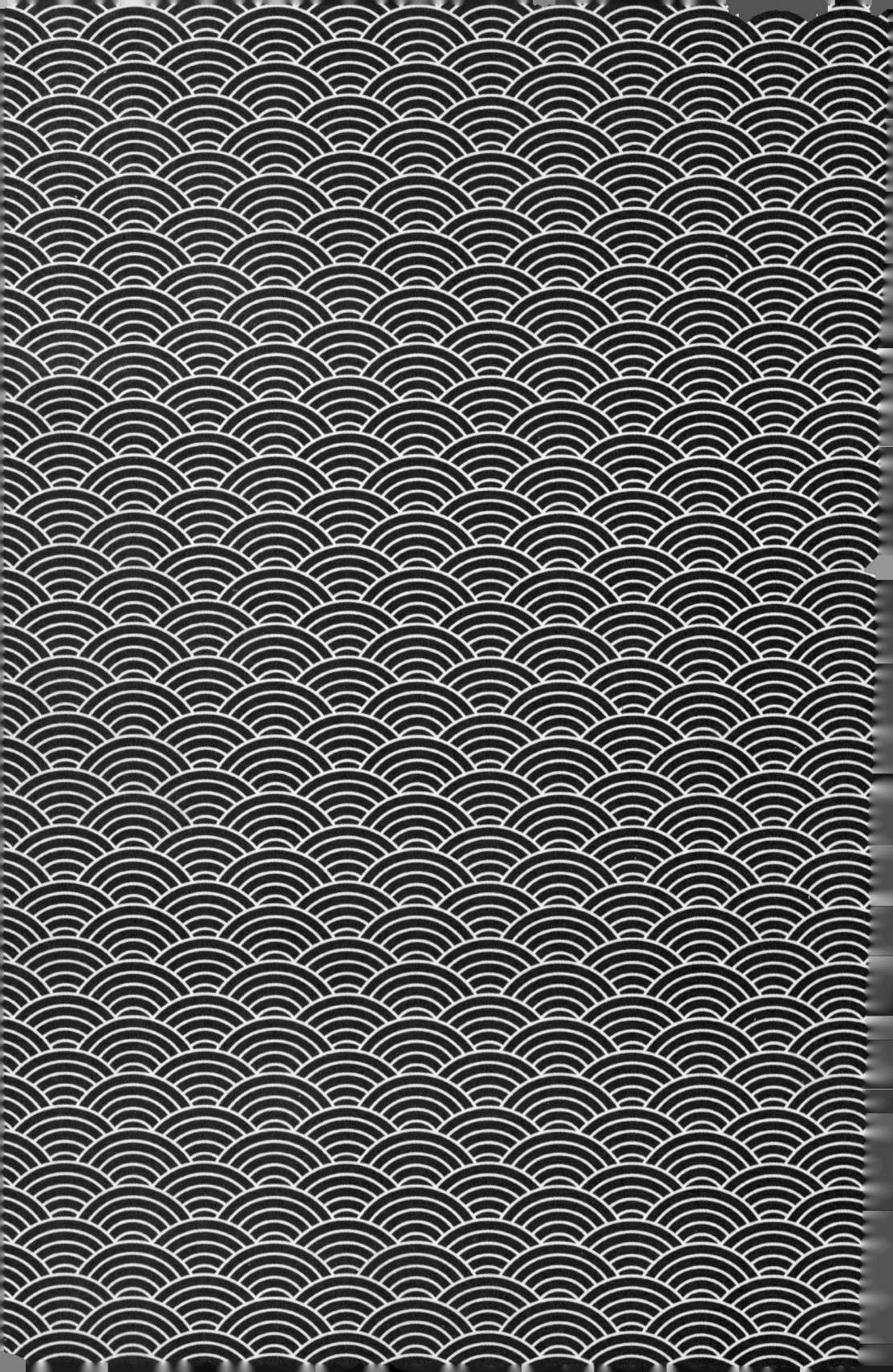

um pequeno mapa para você navegar por esta obra

Antes de iniciarmos nossa jornada de aprendizado e mudança interior, permita-me explicar como este livro foi dividido e estruturado, pois isso lhe trará maior clareza e entendimento. Ele é composto por **TRÊS DINASTIAS** (*do latim* dynastés, *adaptado do grego* dunástés, *ou "senhor, soberano", derivado do verbo* dúnamai, *"poder, ter força" – é uma sucessão de soberanos, pertencentes à mesma família, por diversas gerações*). Cada DINASTIA agrega FERRAMENTAS e PRINCÍPIOS semelhantes entre si, que conduzem a uma finalidade específica. Cada uma delas lhe conduzirá pela lógica dessa ARTE ESQUECIDA – **lidar com pessoas** – fortalecendo seu entendimento e aprofundando seu nível de absorção mental.

Esta obra é regida por 3 ideogramas japoneses – o SHINZENBI, que é o símbolo que rege o KIUJUTSU (o tiro com arco longo que os SAMURAIS usavam em suas batalhas), uma das disciplinas que eu aprendo há muitos anos. O shinzenbi significa: 真善美

> ### shinzenbi
> *Verdade, bondade e beleza são ideais humanos. Três conceitos principais de valor, cada um dos quais pode ser considerado a busca pela aprendizagem, moralidade e arte.*

Portanto, tudo nesta obra e na FINA ARTE que ela contempla é regido pelo shinzenbi, que nas palavras de Meishu-Sama é explicado como sendo: **A verdade é o CAMINHO, o Bem é a AÇÃO, o belo é o SENTIMENTO.**

❀ A primeira dinastia, *"SHIN (Verdade) – Reencontro com o Guerreiro Interior"*, demonstra **DEZ ferramentas para lidar com todos os tipos de pessoas, especialmente as mais difíceis.** Um guia prático de funcionamento da mente humana, que lhe permitirá entender melhor suas próprias reações e explicará de forma clara as razões dos comportamentos alheios que você muitas vezes presencia no seu viver diário.

🪷 A segunda, *"ZEN (Bondade) – Aprendendo com o Guerreiro Interior"*, demonstra **NOVE maneiras infalíveis de falar e agir para conseguir que as pessoas colaborem com você, obtendo o que você deseja delas**, sem ter que gritar, fazer ameaças, aplicar punições ou dizer palavras que criem abismos.

🪷 A terceira, *"BI (Beleza) – Fortaleça o Guerreiro Interior"*, demonstra **SETE maneiras de você agir ao repreender pessoas, ao falar sobre os erros delas**, e conseguir que elas mudem de comportamento, sem despertar mágoas, raiva ou ressentimentos. Um guia de ação ideal para líderes, educadores, pais, pastores, entre outros.

São conhecimentos profundos, que ajudarão o leitor a trocar as ruínas do desalento pela FORTALEZA da paz inabalável e inamovível, mantendo a calma, mesmo em meio às piores tempestades da vida.

Através do uso das ferramentas e princípios ensinados e demonstrados em cada DINASTIA, seu **GUERREIRO INTERIOR** poderá agir de forma plena e magnífica.

Mas, afinal, *quem* ou *o que* é o **GUERREIRO INTERIOR?** Decidi usar essa analogia no livro por duas razões: a) sou amante e praticante das artes marciais orientais, especialmente o BUJUTSU, que reúne todas as artes de origem japonesa e que eram praticadas pelos SAMURAIS; b) acredito que há uma parte dentro de cada ser humano – *uma voz interior* –, que se faz ouvir o tempo todo, que conversa com a pessoa e a orienta em tudo, em cada decisão ou caminho. Popularmente, essa parte é chamada de "consciência", mas eu a chamo de *"inconsciência"*. Acredito que quando agimos de forma inadequada na vida, não é a "voz da consciência" que ouvimos nos censurando, e sim a **voz da inconsciência**, clamando para ser ouvida. Portanto, essa parte do ser humano é a que eu chamo de **GUERREIRO INTERIOR**. É ele quem luta suas batalhas, se você permitir. É ele quem lhe serve com amor e dedicação, se você lhe conceder espaço. É ele quem age como escudo nos momentos mais difíceis de sua vida, se você permitir-se parar um pouco e ouvir os conselhos que ele tem para dar.

Ao usar a palavra "guerreiro", refiro-me de forma figurada aos SAMURAIS, os lendários guerreiros da honra, cuja cultura e código de ética – o BUSHIDO – povoaram e permearam o Japão de 1192 a 1868. A palavra SAMURAI significa literalmente "servir" ou "aquele que serve", que tem a sua origem do radical chinês "SABURO". Ser SAMURAI significava que aquele homem servia a um senhor, um *oyabun*. Se o seu senhor morria, o guerreiro deixava de ser um SAMURAI e passava a ser um *ronin* (ou SAMURAI renegado, um servo sem senhor). Quando uso aqui a expressão "**GUERREIRO INTERIOR**", minha intenção é que o leitor entenda e se lembre de uma verdade inabalável e imutável dita por Sun Tzu em sua obra *A ARTE DA GUERRA*: "Se você conhece o inimigo e a si mesmo, não tema o resultado de cem batalhas. Se você se conhece, mas não ao inimigo, para cada vitória sofrerá uma derrota. Se não conhece nem o inimigo nem a si, perderá todas as batalhas".

O guerreiro está sempre pronto para a batalha, pois seu maior propósito está em lutar e sua coragem está acima de qualquer medo ou dificuldade. Um guerreiro nunca teme a batalha e sim a própria ignorância. Deixe seu Guerreiro Interior lhe mostrar como se luta! Mostre-se um discípulo habilidoso, lutando com estratégia e não com violência.

E quando uso aqui a expressão "**SAMURAI**", minha intenção é que o leitor se lembre de uma verdade inabalável e imutável dita por Jesus de Nazaré em sua obra na Terra, quando andava entre nós: *"Nenhum servo pode servir dois senhores; porque, ou há de odiar um e amar o outro, ou se há de chegar a um e desprezar o outro" (Lucas 16:13)*. Portanto, ou escolhemos o senhor ao qual iremos servir ou passaremos a vida como um *ronin* – servo renegado que não serve a ninguém, como uma peça deslocada no grande mosaico da vida humana. O samurai está sempre pronto para servir e proteger as pessoas ao seu redor, especialmente as mais fracas e desprotegidas, pois seu maior propósito está em manter a sua HONRA acima de qualquer medo ou dificuldade. Um samurai nunca teme a batalha e coloca sua vida como uma oferenda, entregando-a em paz ao seu propósito maior. Viva como um samurai! Mostre-se sempre pronto para servir a uma causa nobre: a causa da vida.

No final de cada DINASTIA há um resumo dos conceitos, ferramentas e princípios nela ensinados e demonstrados, permitindo ao leitor um plano efetivo de ação, caso opte pela decisão firme de usar o que apreendeu na leitura. Esse resumo é feito com base numa "pérola" desse tema: o **CSAG**. Você pode pensar no CSAG como *um lema, uma filosofia de vida, um conjunto de princípios e valores de vida, uma "forma de viver e encarar a vida"*. Ele também é uma sigla que significa: *Coração de Samurai, Atitude de Guerreiro*. O **CSAG** é identificado pela sua bandeira e pelos seus três conceitos, os quais estão demonstrados a seguir:

> 礼儀 を 正しく すべし。
> **Reigi wo tadashiku subeshi.**
> Eu manterei as boas maneiras.
>
> 純真無垢で歩むべし
> **Jyunshinmuku de ayumu beshi.**
> Eu manterei meu coração genuíno e confiável.
>
> 忠誠を敬うべし
> **Chūsei wo uyamau beshi.**
> Eu valorizo a lealdade como uma qualidade nobre.

Para encerrar esse pequeno mapa, deixo aqui alguns conselhos práticos para você extrair O MÁXIMO PROVEITO deste livro:

CONCENTRE-SE: esteja sempre em contato com aquela parte dentro de você que busca o aprimoramento – seu **Guerreiro Interior** –, sua Mente Inconsciente. Sinta como certas partes do texto tocarão as suas "cordas interiores" e que tipo de reflexões elas produzirão. Tenha sempre por perto um bloco ou caderno e anote suas percepções, intuições e reflexões nele; você pode chamá-lo de *"Diário da minha nova vida"*, pois essas anotações serão as chaves do seu APRENDIZADO.

COMPROMETA-SE: se ao ler uma ferramenta você constatar que precisa mudar algo em sua vida ou em seu comportamento, AGENDE ISSO. Faça como você faz com um compromisso de trabalho ou com sua igreja – agende-se. Lembre-se que: tudo o que não tem data agendada acaba não acontecendo. Rejeite expressões e frases que os tolos sempre usam, como: *"Preciso fazer tal coisa"* ou *"Vou mudar isso em minha vida"* ou *"Tenho que começar a fazer tal coisa"*. Faça diferente, mude para: *"Farei isso a partir de agora"* ou *"Começarei isso agora mesmo, e em tanto tempo estarei de tal forma"*. Faça isso! Pessoas INCOMUNS criam uma alavanca e um ponto de apoio para mover coisas muito pesadas para as pessoas comuns. Os árabes têm um provérbio que diz:

> *"Quem quer arranja um jeito, quem não quer arranja uma desculpa."*

RELAXE: o cérebro absorve mais informações quando estamos tranquilos e confortáveis, por isso busque a melhor posição para ficar durante a leitura, uma posição que lhe permita ficar relaxado e de mente aberta, seja sentado, deitado ou em pé – e use roupas confortáveis.

RESPEITE A SI MESMO: compreenda suas limitações atuais, suas imperfeições e sua maneira própria de aprender. Respeite o tempo – tudo tem seu próprio tempo e nada ocorre antes dele.

DÊ-SE UMA CHANCE: se uma ideia ou afirmação do autor parecer-lhe contrária às suas opiniões, jamais se permita rejeitá-las sem uma análise e a devida reflexão. Pense sobre ela, faça pesquisas, veja com seus próprios olhos, experimente-a, teste-a. Nenhum de nós sabe tudo, e nós sempre podemos aprender onde e de quem menos imaginamos. Uma pequena mudança pode produzir resultados positivos que o deixarão assombrado. Permita-se MUDAR. E lembre-se do que escreveu Nietzsche: *"As pessoas odeiam as verdades que abalam suas ilusões"*.

DESAPRENDA: você, como a maioria dos seres humanos, aprendeu muitas coisas de forma inadequada desde a sua infância, pois seus pais e professores também aprenderam assim de outros antes deles. Ao longo deste livro, vou chamar tais aprendizados de **ENGANOS**, para identificá-los melhor. Esses enganos são seus inimigos e agem contra você. Eles lhe fazem acreditar em coisas que moldam a sua vida para pior e limitam ou impedem seu crescimento e seu aprimoramento nas 7 áreas de sua vida. Este livro vai REVELAR muitos desses enganos e propor novas e melhores formas de pensar, agir e sentir, que mudarão para melhor sua vida e libertarão seu POTENCIAL. Desaprenda e reaprenda! Permita-se reaprender para poder crescer! **DESAPRENDER** e **REAPRENDER**, essas são as **DUAS CHAVES DO TRIUNFO**!

Seu Futuro está à sua espera e ele terá a sua face, pois está sendo construído por você com cada pequena decisão e escolha que faz. Boa leitura! Boas escolhas! Boas decisões para você!

Vem comigo, estarei com você o tempo todo e estarei sempre orando e torcendo por você e seus amados. Longos dias e belas noites para todos nós!

Ivan Maia
Julho de 2020

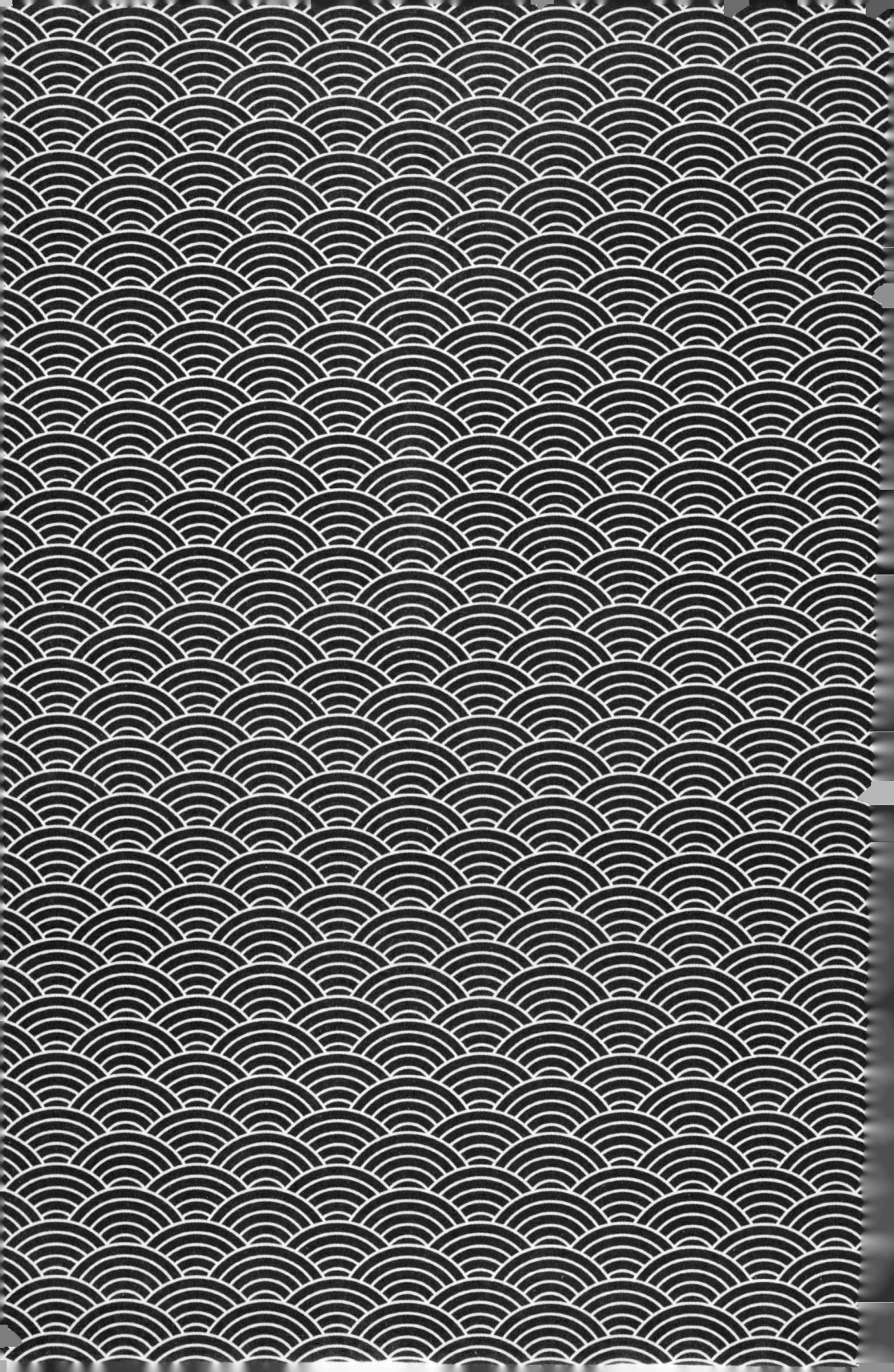

Os alicerces do trato com pessoas

Toda construção requer que, antes de mais nada, seja lançada sua pedra fundamental – seus alicerces. São os alicerces de uma construção que determinam se ela será forte e resistirá às adversidades, e como se comportará diante da sua passagem pelo tempo. Os alicerces mudam de acordo com o tipo da construção, ou seja, não se constrói um edifício de cinco andares com o mesmo tipo de alicerce que se usa numa casa térrea. Quanto mais alto for o prédio, mais forte devem ser os alicerces.

A **fina arte de lidar com pessoas** é uma construção tão importante que requer alicerces específicos, fortes, profundos. Por isso relaciono abaixo todos eles:

OS 2 VERBOS MAIS IMPORTANTES DO MUNDO

Se você, um dia, esquecer-se de tudo o que leu neste livro, das ferramentas e princípios, dos conselhos do autor e das regras de atitudes, cuide de jamais se esquecer destes dois verbos e sua imensa importância. Tenho visto em minhas viagens por vários lugares, que as pessoas que se dão mal e atraem para suas vidas uma série de dificuldades e empecilhos, pecaram em não respeitar esses dois verbos. E, de modo semelhante, as que conseguem ter melhores resultados na vida são aquelas que respeitaram e praticam esses dois verbos com maestria.

O primeiro verbo é **PERGUNTAR**: as perguntas **abrem as portas do cérebro para receber novos conhecimentos**; elas são as chaves da mudança e do crescimento interior, elas produzem estímulo e vida renovada para a mente humana. As perguntas **evitam que você tome atitudes erradas** – como nos casos em que você acha que uma pessoa está lhe tratando de forma diferente e, antes que o distanciamento se torne prejudicial, você a procura e esclarece sua má impressão, confirmando ou não o comportamento. Em tais casos, basta uma pergunta simples como: *"É impressão minha ou você está me tratando mal depois do dia tal?"*, ou ainda: *"Eu percebo que você vem me tratando de forma diferente depois de..."*. Ou como nos casos em que alguém é acusado de ter falado mentiras a seu respeito e, antes que a raiva crie raízes profundas e traga os malefícios decorrentes, você procura a pessoa e a questiona sobre a veracidade dos comentários e sua autoria. Nesses casos, basta uma pergunta simples como: *"Me disseram que você falou tal coisa, é verdade?"*, ou ainda: *"Não sei se é verdade, mas fiquei sabendo que..."*.

As perguntas **evitam que você perca tempo precioso** – como nos casos em que você pode adiantar uma pesquisa, estudo ou mesmo encontrar um caminho por um lugar desconhecido, valendo-se da informação dada por outra pessoa, bastando apenas pedir ajuda a ela. Apesar disso, muitas pessoas (especialmente homens) preferem andar a esmo e vagar perdidas, ao invés de pedir ajuda e perguntar. As perguntas **libertam seu cérebro para criar e pensar mais rápido** – como nos casos em que você se certifica de que entendeu algo que lhe foi pedido ou comunicado por alguém, e passa a andar na direção do seu alvo. Mas lembre-se de 3 regras valiosas sobre as perguntas:

1. Elas devem ser **específicas** para que gerem respostas específicas. Elas não devem jamais ser vagas e confusas, por isso você deve sempre pensar antes de falar.

2. Elas devem ser **corretas**, pois há uma lógica que afirma que "é preferível responder errado a pergunta certa, do que responder certo a pergunta errada". Quando a pergunta está errada, nenhuma resposta poderá ajudar você, por isso, use o seu discernimento antes de falar.

3. Elas NUNCA devem ser **inoportunas** (feitas na oportunidade errada e fora do contexto do momento), **invasivas** (invadindo a intimidade ou constrangendo a outra pessoa) e **impertinentes** (que não pertençam ao assunto em questão naquele momento).

O segundo verbo é **FICAR CALADO**: você nunca terá que dar explicações sobre palavras que não pronunciou, nunca terá que lidar com um mal-entendido que não criou com suas palavras, nunca terá que pedir desculpas por uma ofensa que não escapou pelos seus lábios. Você jamais terá que lidar com uma situação de crise que não tenha causado. Observe os tolos, imbecis, infelizes e fracassados: eles falam sem pensar e sem medir as consequências das palavras. Eles falam quando deveriam CALAR e calam quando deveriam FALAR. Existem ocasiões em que você deve falar, pois nesses casos isso é imprescindível, mas não precisa se preocupar com isso agora. **Aprenda antes a reconhecer as situações nas quais você deve ficar em silêncio, pois o silêncio é algo que jamais será mal interpretado.** E se você lida com pessoas no seu viver diário e depende diretamente delas para ganhar dinheiro, esse conhecimento vai fazer maravilhas por você em pouquíssimo tempo. Quando estiver em dúvida sobre o que dizer, fique calado! Quando não estiver em dúvida, fique calado também! Ouça, ouça, ouça e ouça. Você vai descobrir que na vida, especialmente em qualquer tipo de negociação, "*quem fala, quanto mais fala mais se enfraquece; quem ouve, quanto mais ouve mais se fortalece*". **Quem domina uma conversa é sempre aquele que mais ouve.**

Se um dia você tiver apenas duas opções – deixar que achem que você é tolo ou que é sabichão e prepotente – prefira a primeira opção, pois é melhor se chamado de tolo e ter dinheiro, amigos, oportunidades aproveitadas e um caminho cheio de paz, do que ser chamado de sabichão e não ter onde cair morto, estar cheio de dívidas, ter um monte de inimigos, portas fechadas e viver envolvido em conflitos.

AS DUAS GRANDES HABILIDADES QUE AS PESSOAS TÊM

Todos os seres humanos possuem duas grandes habilidades naturais. Todos eles, inclusive você. Portanto, entenda quais são elas e como elas funcionam. Com esse conhecimento você poderá fazer muitas coisas e se destacar da "grande boiada humana" (pessoas que insistem em viver como gado marcado): reduzir sua margem de esquecimento até que ela fique quase nula, reduzir sua margem de confusões da mesma forma, ter mais paciência com as pessoas e consigo mesmo, reduzir a margem de esquecimento dos seus filhos, cônjuges, empregados, alunos e liderados. Poderá também evitar que as pessoas errem tanto, reduzindo a margem de confusão que elas fazem.

A primeira grande habilidade é **ESQUECER**: as pessoas esquecem as coisas com muita facilidade. Elas esquecem compromissos, orientações, informações sobre o trabalho, datas, obrigações, e muito mais. Existem pessoas que vivem fazendo sempre as mesmas perguntas e sobre as mesmas coisas – elas sofrem de preguiça mental e física, são acomodadas e tolas; trabalham anos na mesma profissão e sabem cada vez menos, pois não crescem interiormente. Existem pessoas com as quais não se pode contar, pois o esquecimento delas é uma característica constante. Isso ocorre porque elas não usam uma agenda (e quando usam é da forma errada, inadequada), não anotam informações importantes, não usam alarmes e despertadores, não criam "travas". Ao invés disso, elas dão desculpas e arrumam justificativas. Portanto, agora que você já sabe disso, em vez de você se irritar com seus empregados e filhos, exija que eles anotem tudo, ou dê tudo anotado para eles. Em vez de dar desculpas por não se lembrar do aniversário de seus filhos, datas importantes para sua esposa ou horários agendados com seus clientes, use uma agenda, bilhetes anexados em locais visíveis, ou coloque seu celular para despertar. Para você não se esquecer de praticar as ferramentas propostas e demonstradas neste livro, anote em sua agenda *o que, com quem e como* você as praticará. Lembre-se da frase que diz: *Aqueles que explicam porque não fazem, terão que dar lugar àqueles que fazem.*

A segunda grande habilidade é **CONFUNDIR** (ou **DISTORCER**): as pessoas distorcem palavras e informações o tempo todo. Você diz algo e elas confundem com outra coisa. Elas leem algo e entendem o contrário do que está escrito. Você explica algo e elas entendem tudo diferente. Existem pessoas que são tão confusas e "desconectadas", que trabalhar com elas se torna uma tarefa cansativa e irritante. Isso ocorre porque elas não têm o hábito de repetir, ou pedir que a pessoa repita o que disse. Elas não confirmam, preferem deduzir e subentender. Elas pensam que se perguntarem de novo, ou disserem que não entenderam, a outra pessoa as achará "burras". Isso causa muitos transtornos, prejuízos e brigas. Portanto, agora que você já sabe disso, em vez de você se irritar com seus empregados e filhos, após passar alguma orientação ou ordem, pergunte se a pessoa entendeu, e, quando ela disser que sim, exija que ela REPITA o que você disse (*você constatará que em 9 de 10 vezes ela NÃO ENTENDEU, mas disse que sim*); explique de novo e exija que ela escreva o que está sendo dito. Depois vá repetindo o processo (perguntar e pedir que ela repita) até que ela entenda tudo. E no SEU caso, em vez de você fazer confusões, crie o hábito de, após receber instruções ou informações de outra pessoa, dizer a ela: "*deixe-me ver se entendi direito, vou repetir o que você me disse, e você me confirma se está tudo certo*". Eu sei que talvez pareça bobo fazer isso, ou talvez você ache trabalhoso, mas acredite em mim: quanto mais você praticar melhor ficará. Além disso, vale a pena um pequeno esforço extra para aprimorar-se, pois a recompensa é bem maior do que o trabalho de se reeducar.

OS 3 "NUNCA" DO TRATO COM PESSOAS

Existem três coisas que você NUNCA DEVE FAZER quando estiver tratando com pessoas e construindo relacionamentos. A palavra "NUNCA" é absoluta, portanto, não há justificativa para você quebrar tais leis. **Nunca é nunca mesmo!** Desrespeitar isso é cometer um crime, portanto, esteja sempre atento.

O primeiro "nunca" é **REPREENDER ALGUÉM EM PÚBLICO**: quando tiver que repreender alguém, certifique-se de que estejam no local só você e a pessoa. Jamais corrija seu cônjuge na presença dos seus filhos ou de outras pessoas; nunca repreenda um filho seu na presença de outras pessoas (mesmo que sejam – e PRINCIPALMENTE SE FOREM – avós, primos ou tios). Jamais repreenda um filho seu na presença dos outros filhos se você tiver mais de um; nunca repreenda um empregado na presença de um cliente ou de outros empregados. Chame a pessoa individualmente, longe de outras pessoas, e faça a repreensão. Se você atua numa função de liderança de funcionários de uma empresa, só repreenda alguém nos últimos dez minutos do expediente, pois logo em seguida a pessoa vai para casa e terá mais tempo para refletir, acalmar-se, recuperar a alegria e a paz interior. Isso é mágico! Se você a repreender durante o dia, ou no início do dia, prepare-se para o que chamo de "inferno na Terra", pois as emoções dela estarão desalinhadas e a pessoa pode causar ainda mais estragos.

O segundo "nunca" é **ELOGIAR ALGUÉM EM PÚBLICO (se a pessoa elogiada pertencer ao mesmo grupo que as outras pessoas presentes no local e no momento em que o elogio é feito)**: se você tem mais de um filho, jamais elogie um deles na presença dos demais. Se você tem três gerentes, ou você elogia todos pela mesma razão ou elogia cada um por uma razão específica e diferente – se optar por algo individualizado, elogie a pessoa longe das demais. Se você tem vários empregados, jamais destaque um na presença dos demais, e muito menos destaque a pessoa num mural, com foto ou outro tipo de menção. Quando você elogia ou destaca alguém perante os demais, é porque PREFERIU alguém, e se PREFERIU alguém é porque EXCLUIU os demais e, por isso, duas coisas sempre acontecerão: a) quem não foi elogiado sentirá ódio ou antipatia pela pessoa elogiada/preferida; b) quem não foi elogiado sentirá ódio ou antipatia por você. Fazer isso é construir ABISMOS entre as pessoas, e entre elas e você, portanto evite e fuja disso. Seus atos e suas palavras, inevitavelmente, trarão como consequência um desses fatores: PONTES OU ABISMOS.

O terceiro "nunca" é **REPREENDER UM GRUPO INTEIRO PELO ERRO DE APENAS UMA OU ALGUMAS PESSOAS**: se uma pessoa de sua equipe comete ou cometeu algum erro, chame-a em particular para repreendê-la ou puni-la, mas não faça isso com todo mundo. Quem não erra não gosta de ficar ouvindo sobre erros; quem é pontual não gosta de ser repreendido por atrasos; quem não brinca em serviço não gosta de ser repreendido por causa de brincadeiras. Chame e repreenda apenas os culpados, discurse apenas para os que merecem ouvir aquilo. Se você usa uma reunião geral para repreender uma ou mais pessoas do grupo, a única coisa que demonstra com isso são suas fraquezas, pois os que são culpados saberão que você NÃO TEM CORAGEM de enfrentar a situação e repreendê-los frente a frente; e os não culpados saberão que você é tolo e fraco.

AS 5 ATITUDES QUE AS PESSOAS ESPERAM DE VOCÊ

Existem cinco atitudes que TODAS AS PESSOAS esperam e sempre esperarão de você. Elas não esperam isso porque acham que é sua obrigação, ou porque se acham mais importantes ou maiores do que você, elas esperam isso porque precisam disso, anseiam por isso. Portanto, no seu viver diário, esteja atento. Eu garanto que você nunca se arrependerá.

As pessoas esperam que **QUE VOCÊ OUÇA O QUE ELAS TÊM A DIZER**: todos têm algo a dizer, aprenda a ouvir as pessoas. Ouvir é prestar atenção, prestar atenção é olhar a pessoa nos olhos, olhar a pessoa nos olhos é provar que a respeita, provar que a respeita é provar que você age com amor. Ouça seu cônjuge, ouça seus filhos, ouça seus empregados, ouça seus clientes, ouça o que a vida tenta lhe dizer todos os dias. Para aprender a ouvir você terá que conjugar o SEGUNDO VERBO – **ficar calado**. Se você praticar bastante o verbo OUVIR, além de fazer amigos com facilidade, receber ajuda de muitas pessoas e ter portas abertas em qualquer lugar que vá, perceberá que vai aprender a conjugar também outro verbo poderoso: ESCUTAR. E creia-me: saber escutar é uma habilidade que pouquíssimas pessoas têm. Portanto, se quiser se diferenciar dos tolos que compõem a grande boiada humana, aprenda a ouvir.

As pessoas esperam que **QUE VOCÊ AS COMPREENDA**: todos querem ser compreendidos. Exercite a compreensão. As crianças querem que os pais compreendam que elas têm direito de ser diferentes, de brincar e errar, de sentir medo e terem dúvidas, de não serem perfeitas. As mulheres querem que os homens compreendam que elas são diferentes deles, que elas pensam, sentem e agem de forma diferente deles, que elas valorizam coisas diferentes das que eles valorizam – mulheres, em sua maioria, precisam ser ouvidas para se sentirem amadas de verdade. Os homens querem que as mulheres compreendam que eles são diferentes delas, que eles pensam de outra forma, que eles são movidos por outro tipo de combustível emocional – homens, em sua maioria, precisam ter sua vaidade acariciada para se sentirem amados. Compreenda as pessoas, compreenda seus empregados, compreenda seu patrão. Compreenda seus clientes, seus vizinhos, seus pais e seus irmãos, compreenda seus parceiros e seus amigos de verdade. Compreenda que as pessoas não têm obrigação de ser iguais a você.

As pessoas esperam que **QUE VOCÊ AS PERDOE**: todos erram e todos necessitam de perdão. Todos esperam ser perdoados, mesmo os que cometem crimes graves. Todos somos assim. A falta de perdão encarcera e causa mal aos que não perdoam, e não aos que não são perdoados; William Shakespeare escreveu: *"Guardar ressentimentos é como tomar veneno e esperar que outra pessoa morra em seu lugar"*. Muitas pessoas me dizem: *"eu não tenho vontade de perdoar"*, mas o perdão não tem nada a ver com sentimento, e sim com decisão. Perdoar é uma decisão, não uma emoção. Decida perdoar, o esquecimento virá com o tempo. Isso é uma lei imortal, não se pode mudar isso. Você não perdoa porque tem vontade ou sente isso, você perdoa para libertar a si mesmo, a vontade e o desejo nada têm a ver com o perdão. Perdoar NÃO É um ato de altruísmo e sim de egoísmo, pois você perdoa para liberar seu caminho na vida e deixar de ser doente e escravo da outra pessoa. Quem perdoa está livre e será feliz. Quem guarda mágoas e não perdoa adoece e vira escravo. Entendeu? Você escolhe e depois colhe.

As pessoas esperam que **QUE VOCÊ AS INCENTIVE**: um ambiente de incentivo transforma pessoas, fazendo-as mudar e crescer. O incentivo transforma perdedores e debilitados em VENCEDORES e CAMPEÕES. Pais e mães que incentivam seus filhos são construtores de destinos felizes e grandiosos. Líderes e gerentes que incentivam seus liderados e empregados são construtores de gente excelente e grandiosa. Professores e educadores que incentivam crianças e jovens são reformadores do mundo, e coautores de um planeta mais feliz. Empresários que incentivam suas equipes são "engenheiros de lucros" – eles fazem dinheiro sem gastar dinheiro. Se você fizer das suas palavras fontes de ENCORAJAMENTO e incentivo, terá aprendido a arte de transformar derrotados em gigantes emocionais. Lembre-se: o que você fala vira verdade, ganha poder e transforma o mundo ao seu redor. O mundo já tem muitos desencorajadores, você não precisa ser mais um. Lembre-se do que escreveu a senhora Mary Kay Ash, criadora da Mary Kay: "*Descobri que todas as pessoas que eu encontro na vida carregam no peito uma placa invisível com os dizeres: Por favor, diga-me que eu sou importante para você*".

As pessoas esperam que **QUE VOCÊ RECONHEÇA O VALOR QUE ELAS POSSUEM**: todos são importantes, todos somos importantes. Infelizmente vivemos num mundo em que os nossos acertos e méritos quase nunca são reconhecidos, mas nossas falhas e "desvios" sim. Conheço pouquíssimos filhos que já agradeceram seus pais por TUDO o que eles fizeram, conheço poucos empregados que já agradeceram seus empregadores por os terem contratado, quando poderiam ter escolhido outra pessoa no lugar deles. Conheço poucos líderes, gerentes e empresários que reconhecem o valor e a importância dos seus empregados. Existem pouquíssimas empresas e vendedores que reconhecem a importância de seus clientes, e ainda menos homens e mulheres que reconhecem o valor dos seus cônjuges. O RECONHECIMENTO cria um efeito positivo e construtivo muito maior que o dinheiro e as recompensas financeiras. Até os anos 1920 as estatísticas mostravam que havia um divórcio para cada 27 casamentos, mas desde os anos 1990 temos um divórcio para cada 3 casamentos. E as duas principais causas dos divórcios são: excesso de críticas e falta de valorização e reconhecimento.

A COMBINAÇÃO MÁGICA

Muitas pessoas se dão mal e atraem tragédias para suas vidas e carreiras porque ignoram esse importante conceito. A COMBINAÇÃO MÁGICA é composta por quatro elementos: O QUE, QUANDO, COMO e ONDE dizer/fazer/pensar/planejar/executar/escrever algo. E quando se trata de DIZER OU ESCREVER ALGO para alguém, a **combinação mágica se torna algo vital**. Para exemplificar isso, vamos imaginar algumas situações hipotéticas. Digamos que você precise repreender alguém que esteja agindo errado num certo ponto, e isso estivesse gerando problemas para muita gente, inclusive a própria pessoa. Como agir usando a COMBINAÇÃO MÁGICA?

Primeira pergunta: O QUE eu devo dizer à pessoa? Eu devo dizer que o comportamento em questão tem prejudicado muitas pessoas, inclusive ela mesma, embora ela não perceba.

Segunda pergunta: QUANDO devo dizer isso a ela? De manhã, logo após ela chegar ao trabalho? Não, é melhor se eu fizer isso à tarde, pouco antes de ela ir embora. Assim ela terá a noite toda para refletir e não haverá consequências negativas no ambiente de trabalho.

Terceira pergunta: COMO devo dizer isso a ela? Com palavras diretas, enfatizando a questão em si? Não, é melhor eu escrever, assim ela poderá ler com calma e tirar as próprias conclusões. E lendo, ela se sentirá menos constrangida por não estar na minha presença. OU... posso também dizer isso em voz alta, mas usando um tom de voz sereno e adequado. Ambas as ações estão corretas, só depende da situação.

Quarta pergunta: ONDE eu devo dizer isso a ela? No nosso setor, diante de todas as pessoas que trabalham conosco? Não, é melhor se eu entregar o bilhete (ou chamá-la para falarmos) quando estivermos a caminho da saída, sem que ninguém veja.

Gosto de uma frase do Dr. Murdock que diz o seguinte:

"uma coisa certa, dita/feita/planejada/escrita no tempo errado, torna-se uma coisa errada. uma coisa certa, dita/feita/planejada/escrita da forma errada, torna-se uma coisa errada. uma coisa certa, dita/feita/planejada/escrita no lugar errado, torna-se uma coisa errada".

Lembre-se disso, sempre.

AS 21 LEIS UNIVERSAIS

É esse assunto que concede mais sentido ao conteúdo deste livro, emprestando luz e vida aos PRINCÍPIOS e FERRAMENTAS aqui ensinados. Sem o conhecimento dessas LEIS pouco ou nada se consegue, pois elas formam o PRIMEIRO passo para a mudança INTERNA, e formam a MAIOR ARMA do **GUERREIRO INTERIOR**. Elas vão ajudar você a conhecer melhor "as partes" da sua vida, e esse conhecimento levará você ao entendimento "do TODO" que constrói a vida dos seres humanos. As **21 LEIS UNIVERSAIS** são tão importantes que deveriam ser matéria obrigatória nas escolas, preparando as crianças para uma vida plena e equilibrada, evitando armadilhas e sofrimento desnecessários. Infelizmente, a maioria das pessoas não as conhece. Uma minoria já ouviu falar de algumas delas, e mesmo entre esses poucos existe apenas uma pequena parcela que as respeita e as usa para viver bem. Tais pessoas **são sábias** e alcançam resultados muito melhores. As **LEIS UNIVERSAIS** produzem a **Sabedoria**, e esta, por sua vez, produz a **Excelência**. Os **Excelentes** conquistam a **Felicidade** e a **Paz**, e com isso atraem **Riquezas** em todas as 7 ÁREAS da vida.

As **LEIS UNIVERSAIS** foram originadas pelo Criador de todas as coisas. São perfeitas como Ele e, diferente do que ocorre com as leis dos homens, sempre se cumprem. Não há falhas, esquecimentos ou exceções. Elas são **Poderosas, Colossais e Inexoráveis**. Foram criadas para governar nossa vida e nos proteger durante nossa estadia na Terra. Elas foram colocadas de forma que, se as conhecermos, entendermos, respeitarmos e as usarmos corretamente, **teremos o seu poder a nosso favor**. Mas se em vez disso as ignorarmos e as desrespeitarmos, elas **agirão CONTRA nós, nos esmagando**. As **LEIS UNIVERSAIS**, para que se cumpram, independem de seres humanos e da crença deles; não importa se alguém entende ou não, se acredita ou não. TODOS NÓS estamos sempre sujeitos a elas e sua atuação. Não importa se a pessoa acredita no Criador ou não (aliás, costumo afirmar que a melhor coisa sobre **O Doador da Vida** é que a existência d'Ele independe da crença das pessoas), essas leis simplesmente existem e governam. Uma criança em tenra idade, por não saber falar e não se comunicar plenamente, ignora a **LEI DA COLHEITA** (Causa e Efeito). Mesmo assim, se ela introduzir um arame em uma tomada energizada, ela receberá um choque elétrico, podendo inclusive morrer. Uma pessoa tola pode acreditar no seu "poder interior" e pular de um alto edifício acreditando, com emoção e sinceridade, que não vai morrer, no entanto, seu corpo baterá contra o chão e em segundos ela estará COMPLETAMENTE MORTA. Nada pode neutralizar a ação das **LEIS UNIVERSAIS**.

Neste capítulo descreverei e tratarei de apenas duas delas – as duas primeiras. Farei isso, prezado leitor, porque essas duas serão vitais ao seu entendimento das muitas ferramentas descritas neste livro. As outras 19 estão disponíveis num curso *online*, num *audiobook* e num *e-book* que podem ser encontrados no site do autor desta obra, e em seus vídeos no seu canal do YouTube.

LEI DA TRANSFORMAÇÃO

Ela é a primeira de todas as LEIS UNIVERSAIS e a mais atuante na vida humana, pois, se olharmos bem ao nosso redor, nós a veremos em tudo. Seu resumo é o seguinte: **Nossas PALAVRAS (que ouvimos, falamos, lemos, cantamos, repetimos e assistimos) criam nossos PENSAMENTOS, que afetam nossos SENTIMENTOS,**

que definem nossos COMPORTAMENTOS, que determinam nossos RESULTADOS.

A maioria das pessoas ignora que o que falamos determina tudo o que temos na vida; que ao falarmos alteramos tudo em nosso destino e que os resultados ruins que às vezes temos são causados por nós mesmos. Imagine duas pessoas que estão atravessando uma fase financeira ruim num certo momento da vida; ambas têm uma questão importante para solucionar num determinado dia. Imagine que essa questão seja um compromisso financeiro que tenha o vencimento naquele dia, para o qual elas não têm o dinheiro necessário. Vejamos essa LEI atuar na vida de ambas, e reflitamos sobre esse exemplo.

A **primeira pessoa** nada sabe sobre essa LEI, então acorda e começa seu dia usando PALAVRAS negativas, conversando com as pessoas de sua família sobre o "enorme problema" que tem pela frente. Ela diz, entre outras coisas, que está acabada e que não sabe o que fazer, e que está "morta de preocupação"; ela acrescenta que "se pudesse, desapareceria", pois as coisas "estão muito difíceis", e ela já "não aguenta mais". Ela sai para o trabalho e, no caminho, seus PENSAMENTOS são negros, hesitantes, desoladores; ela relembra os fracassos vividos e as dores sentidas ao longo dos meses; mais e mais pensamentos doentes acometem sua mente, e ela se deixa soterrar pela avalanche negativa pensando "como sou desafortunado". Seus SENTIMENTOS são de dor, pesar, arrependimento, medo, vergonha, desânimo; ela tem vontade de chorar, sente-se deprimida e vazia, seus braços e pernas parecem pesar muitos quilos e ela se sente velha e esgotada. Ao chegar ao trabalho, seu COMPORTAMENTO é soturno, não sorri, seu semblante está descaído, aparência triste ou angustiada, seu aperto de mão é fraco e denota descaso, irrita-se com facilidade ou desmorona emocionalmente diante de pequenas coisas. No final do dia ela contempla seus RESULTADOS, e eles são os piores possíveis. Podemos chamar isso de *"O Caminho da grande boiada humana"*. E se ela ainda, além de tudo isso acima descrito, assiste a noticiários, programas e novelas da TV aberta, o panorama se torna pior, muito pior!

A **segunda pessoa** conhece bem essa LEI, então acorda e começa seu dia usando PALAVRAS positivas, conversando com as pessoas de sua família sobre a "questão importante" que tem pela frente. Ela diz, entre outras coisas, que está tranquila, mesmo ainda não sabendo o que vai fazer, e que está serena, pois crê que tudo na vida é possível resolver; ela acrescenta que vai retirar disso uma lição importante, pois as coisas acontecem para que cresçamos. Ela sai para o trabalho, e no caminho seus PENSAMENTOS são pulsantes, objetivos, estimulantes, expectantes, ela começa a imaginar possíveis saídas, como pedir ajuda a pessoas amigas e clientes; ela relembra situações pelas quais já lutou e venceu; mais e mais opções invadem sua mente, e ela se deixa elevar pela avalanche positiva pensando "tudo vai dar certo". Seus SENTIMENTOS são de alegria por estar viva, agradecimento e orgulho pelo que já tem. Ela se sente viva e latente, seus braços e pernas parecem adquirir vida nova. Ao chegar ao trabalho, seu COMPORTAMENTO é elogiável, sorri para as pessoas, seu semblante está alegre e sereno, aparência de vencedora, seu aperto de mão é firme e decidido, mostrando garra, mantém a calma e não permite que suas emoções aflorem diante de pequenas coisas. No final do dia, ela contempla seus RESULTADOS e se alegra, pois de uma forma ou de outra ela conseguiu resolver sua questão, ou comprovou que, apesar de ainda não ter encontrado a solução, ela está viva e o próximo dia será melhor. Podemos chamar isso de

"O Caminho dos Incomuns e Extraordinários".

Nunca permita que suas palavras, seus hábitos ou suas ações levem você para baixo! Nunca pronuncie palavras de fracasso, de derrota, de desalento. Pare de falar dos seus fracassos, já! Ninguém está interessado no que você não pode fazer, e sim no que você pode. Concentre-se nisso, e esqueça o restante. Pare de resmungar, de se queixar, de se lamuriar. Chega de falar das suas mazelas, o mundo está farto disso, mude agora! **Pare de enxugar a água e feche a torneira!**

Nunca permita que as palavras dos fracassados e desencorajadores desanimem você, afaste-se deles! São apenas vermes que se arrastam ao invés de voar. Comumente, tais pessoas podem ser da sua própria família, pois as pessoas que nos amam são, certas vezes, as que mais nos desanimam, e embora não façam isso por mal, nos prejudicam. Lembre-se que amar não significa compartilhar fracassos conscientemente. **Ame-os, ore por eles, mas não se deixe influenciar negativamente.** Busque as pessoas de ânimo forte e vivo e junte-se a elas. Comece a falar das suas vitórias e conquistas. Ore a Deus e peça Sabedoria, porque vida Ele já lhe deu. Pare de chorar e comece a trabalhar. Chega de reclamação, é tempo de ação! Mude suas PALAVRAS para que seus RESULTADOS sejam diferentes. Mude seus hábitos, mude sua forma de viver. Transforme a sua vida, ela lhe foi dada para fazer o que você quiser. Afinal, você tem o livre arbítrio.

Quando você plantar tudo o que já lhe foi dado, você começará a colher tudo o que lhe foi prometido. O que entra pelos seus olhos e ouvidos se aloja em seu coração, determinando o que existirá em você. Seu Futuro lhe espera, e ele é de Persistência, não de desistência!

LEI DAS PALAVRAS

Ela é a **"a força magnífica capaz de criar seu futuro, trazendo-o à realidade"**. Aqueles que a usam são mudados para sempre e de uma forma poderosa e construtiva. O estudo da Bíblia nos mostra que Deus criou todas as coisas através da Sua palavra. Palavras criaram o mundo em que vivemos, e palavras criam o seu mundo particular. As palavras têm um custo altíssimo, inimaginável. Só ao ser humano foi dado o privilégio da linguagem verbal, nenhum outro ser o possui. Isso nos torna criadores também, pois o Doador da vida nos deu esse poder. O resumo dessa LEI é o seguinte: **Tudo o que você fala se torna realidade em sua vida, inclusive doenças e saúde.**

Suas palavras determinam o tipo de vida que você tem e que constrói para si e seus amados. *"A morte e a vida estão no poder da língua; e aquele que a ama comerá do seu fruto"* (Provérbios 18:21). Suas palavras definem como as pessoas lhe enxergarão nos lugares que você frequenta, e o quanto elas estarão a seu favor ou contra você. *"Quem tem conhecimento é comedido no falar, e quem tem entendimento é de espírito sereno. Até o tolo passará por sábio, se ficar quieto, e, se contiver a língua, parecerá que possui discernimento"* (Provérbios 17:27,28).

As palavras aproximam as pessoas ou as afastam. Muitas guerras ocorreram por causa de palavras, e as negociações de paz sempre ocorreram quando homens se sentaram para dialogar. As palavras podem ser a PONTE que leva ao seu futuro, ou o ABISMO que manterá você distante da alegria e do triunfo. Suas palavras expõem o seu verdadeiro caráter e motivação *"[...] porque a sua boca fala do que está cheio o coração"* (Lucas 6:45). Suas palavras significam muito e suas conversas têm uma importância *imensa e profunda*: *"Mas eu lhes digo que, vós haveis de dar conta de toda palavra útil que tiverem falado. Pois, por vossas palavras sereis justificados, e por vossas palavras sereis condenados"* (Mateus 12:36,37). Suas palavras moldam o ambiente em que você vive e definem quanta paz ou problemas você terá: *"Os lábios do tolo entram em contendas, e a sua boca clama por açoites. A boca do tolo é a sua própria destruição, e os seus lábios um laço para a sua alma"* (Provérbios 18:6,7).

Como muitas pessoas usam mal esse poder! Como causam infelicidade a si próprias e àqueles que vivem ao seu redor! É comum ouvirmos pais e mães usando essa LEI de forma inadequada e construindo infelicidade para seus filhos. Eis alguns exemplos: *"Você nunca será nada na vida"*; *"Você é muito fraco"*; *"Somos pobres, filho, esqueça esse sonho, pois ele está fora do seu alcance"*; *"Você sempre foi assim, é a sua natureza, filha, e não adianta lutar contra isso"*; *"A vida é assim, não adianta insistir, uns ganham e outros perdem"*; *"Nossa família é feita de perdedores"*; *"Isso não é para gente como nós, filho, esqueça"*. Se a criança ou o jovem ouvir isso e acreditar, na fase adulta passará a repetir isso **sobre** si mesmo e **para** si mesmo e, anos depois, repetirá essas palavras para os próprios filhos, propagando um ciclo de fracasso que durará por séculos.

Em todos os lugares onde você for, vai ouvir pessoas construindo destinos infelizes para si mesmas, potencializando suas limitações e bloqueios, e, ao mesmo tempo, minimizando sua capacidade de crescimento interior. Vejamos alguns exemplos: *"Eu sou esquecido, minha memória é péssima"; "Sou assim, nada posso fazer"; "Isso é muito difícil de conseguir, eu não posso"; "Não sei, acho que não dá"; "Isso não é possível, é inalcançável"; "Eu não tenho talento, jamais conseguirei isso"; "Cada um nasce para uma coisa"; "Vender não é o meu forte"; "A situação do país está crítica"; "O dinheiro sumiu do mercado"; "Muitas empresas vão quebrar este ano"; "Sabe qual é o meu problema?"; "Eu estou com uma dificuldade".*

Mude seu vocabulário, já! Comece a traçar hoje uma nova rota, mais prazerosa, mais rica e feliz, mais próspera e extraordinária para sua vida e para a vida das pessoas que você ama. Altere suas frases, crie um **VOCABULÁRIO MENTAL** que faça VOCÊ CRESCER INTERIORMENTE, que aumente sua SABEDORIA e seu nível de PAZ INTERIOR.

Pare de revelar suas fraquezas e concentre-se nas suas fortalezas, pare de mencionar suas limitações para todos e fale dos seus pontos fortes. Ao invés de viver falando sobre o que você teme, fale do que deixa você forte, seguro. Deixe de mencionar o que lhe irrita e troque pelo que lhe deixa sereno, em paz.

Troque as palavras e frases enfraquecedoras que você costuma usar por outras que sejam FORTALECEDORAS *(logo abaixo relacionei uma pequena lista de palavras e frases que operarão maravilhas em sua vida, se você se dispuser a usá-las).*

SUBSTITUA ESTAS:	POR ESTAS:
Problemas	Questões
Dificuldades	Desafios
Obstáculos	Etapas
Difícil	Desafiador
Complicado	Requer melhor planejamento
Não posso	Nunca tentei até hoje
É impossível	Preciso de mais informações sobre isso
Não tenho talento	Ainda não pratiquei o suficiente
Esse não é o meu forte	Nunca me dediquei a isso

Não vai dar	Me dê mais tempo e eu consigo
Não sei fazer	Me mostre como e eu conseguirei
Eu sou assim	Eu era assim, eu estava assim
Não sei não	Certamente que sim
Estou tentando	Melhorei muito
Vai indo	Vou cada vez melhor
Meio cá, meio lá	Vou melhorando a cada dia
Mais ou menos	Estou ótimo, magnífico
Correndo atrás do prejuízo	Nunca estive tão bem
Eu odeio vermelho	Eu prefiro amarelo
Eu não gosto de verde	Eu gosto mais do azul
Você errou	Houve um erro
Bateram no meu carro	Eu bati o carro
O trânsito é uma droga	O trânsito fica ruim às vezes
Seu burro!!!	Você pode ter errado, mas você não é um erro

Lembre-se que **grandes milagres já começaram com uma simples conversa. Seu Futuro será decidido pelo que você tem disposição para alterar**. Use suas palavras para criar o trabalho que você almeja, a vida que deseja, o relacionamento amoroso que busca, o salário que lhe fará feliz. Use suas palavras para mudar a vida das pessoas para melhor, construir pontes entre as pessoas, produzir riquezas emocionais em seu coração, abrilhantar seu raciocínio e aumentar sua Sabedoria.

Na língua portuguesa existe a palavra BENDIZER (do latim *BENEDICERE*), que significa *"falar bem, abençoar, colocar bênçãos sobre"*. Fale bem do seu emprego, do seu líder, do seu carro, do seu cônjuge, dos seus filhos, da sua rua, da sua cidade, dos seus amigos, da sua empresa. Fale bem das pessoas, das coisas, do clima.

Comece hoje a planejar o seu Futuro, pois é lá que você vai viver por muito tempo. Faça isso agora, senão ele não estará lá quando você chegar. Seu Futuro lhe espera, e ele é de Vitórias, não de derrotas.

Pronto! Agora que você já conhece os alicerces, podemos prosseguir em nossa jornada de conhecimento e autoconhecimento. Seja bem-vindo(a) ao seleto grupo das pessoas INCOMUNS! Antes de prosseguir, ASSUMA O COMPROMISSO de mudar algo em sua forma de agir, falar e pensar. Isso fará toda a diferença.

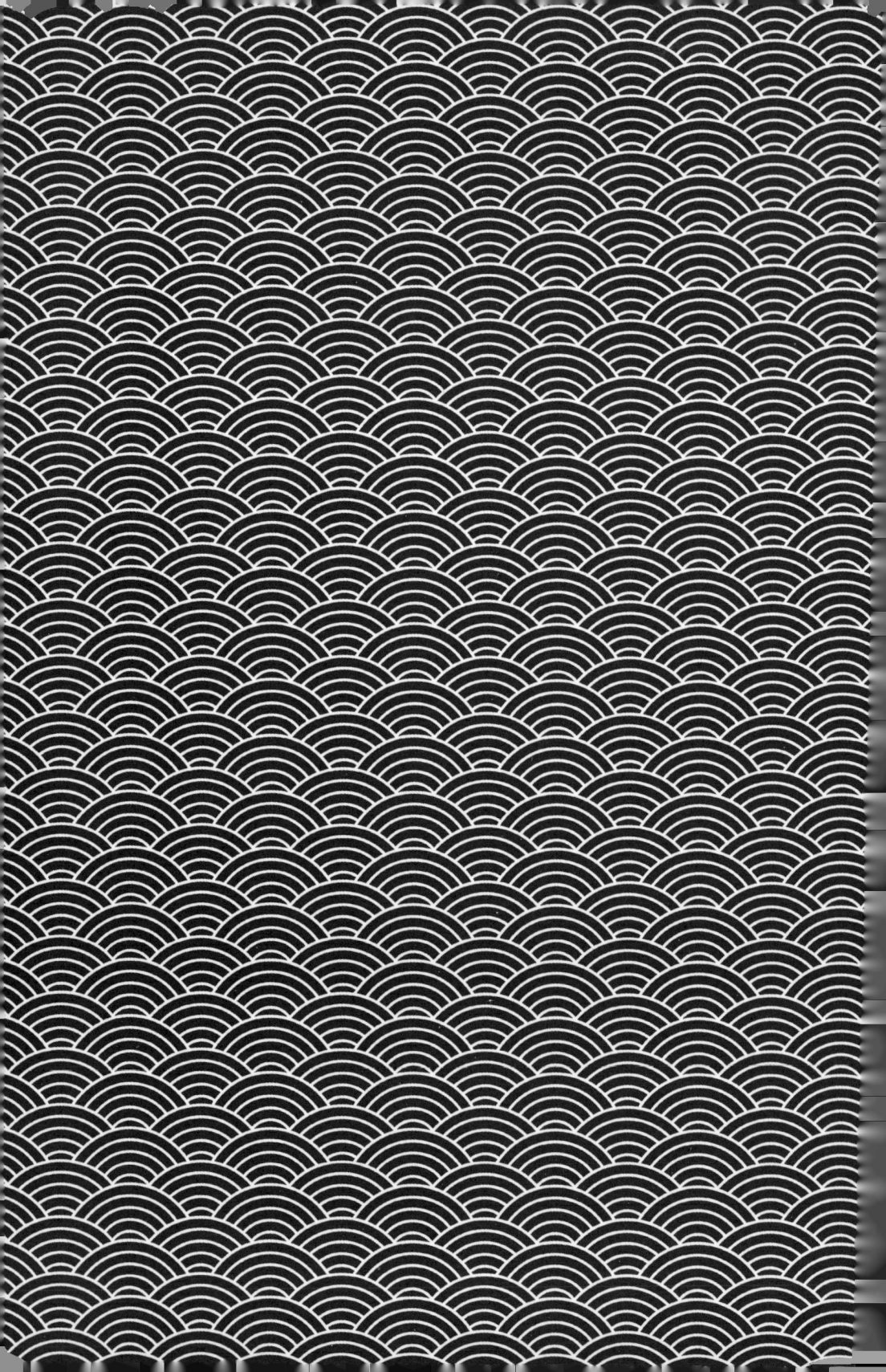

Dinastia I – SHIN (Verdade)

Reencontro com o "Guerreiro Interior"

Neste capítulo estão demonstradas **DEZ FERRAMENTAS PARA LIDAR COM TODOS OS TIPOS DE PESSOAS**, especialmente as mais difíceis (como fofoqueiras, invejosas, críticas, intrometidas, maledicentes, parentes chatos, visitas indesejadas, folgadas, parasitas, aproveitadoras, agressivas, tóxicas, negativas, narcisistas, negativas, autoritárias).

São atitudes que você já conhecia muito bem quando era criança, pois as crianças nascem com uma programação específica: serem pessoas felizes. Entretanto, à medida que você crescia, ia desaprendendo e esquecendo todas elas, pois observava os adultos e com isso passou a copiar os padrões de comportamento deles. Ao tornar-se um adulto, você as esqueceu por completo, e seus resultados na vida decaíram. Por isso chamo essa dinastia de *"Reencontro com o Guerreiro Interior"* – a partir da leitura e do uso das FERRAMENTAS aqui descritas você voltará a ouvir nitidamente a voz do guerreiro interior em sua mente, e seu nível de "autopoliciamento" vai crescer bastante. Seja bem-vindo(a) de volta à Grandeza!

> *"As pessoas não se importam com quanto você sabe, até saberem o quanto você se importa com as pessoas."*
>
> (John Maxwell)

1. A SABEDORIA DE ESOPO

Diz a lenda que Esopo foi um escravo de rara inteligência e que servia na casa de um conhecido chefe militar da antiga Grécia. Certo dia, seu amo estava recebendo um militar ilustre para um almoço e ambos falavam sobre virtudes e defeitos. Questionado por seu patrão e o convidado sobre as virtudes do mundo, Esopo disse que a maior virtude da Terra estava à venda no mercado e pediu licença para ir comprá-la. Com a devida autorização do seu amo, Esopo saiu e, dali a alguns minutos, voltou carregando um pequeno embrulho com vários pedaços de língua. Ao ter que dar explicações ao chefe, Esopo disse: *"A língua é, realmente, a maior das virtudes. Com ela podemos consolar, ensinar, esclarecer, aliviar e conduzir. Pela língua os ensinos dos filósofos são divulgados, os conceitos religiosos são espalhados, as obras dos poetas se tornam conhecidas de todos"*. Admirado, o patrão pediu-lhe que falasse sobre o pior defeito do mundo. Novamente, Esopo foi ao mercado e voltou com outro pacote, exatamente igual ao primeiro. E eis a sua explicação: *"Do mesmo modo que a língua, bem utilizada, se converte numa sublime virtude, quando relegada a planos inferiores se transforma no pior dos vícios. Através dela tecem-se as intrigas e as violências verbais. Através dela, as verdades mais santas, por ela mesma ensinadas, podem ser corrompidas e apresentadas como anedotas vulgares e sem sentido. Através da língua estabelecem-se as discussões infrutíferas, os desentendimentos prolongados e as confusões populares que levam ao desequilíbrio social."*

Somos os únicos seres na criação que possuem a capacidade de falar. Cada palavra que falamos produz um efeito em nossa vida e na vida das pessoas ao nosso redor. Palavras criaram o mundo. Palavras criam o seu mundo, ainda hoje. Devemos usar esse **Poder** com muita responsabilidade, pois a **"LEI DA TRANSFORMAÇÃO"** diz que: **Palavras** se tornam **Pensamentos**, que definem **Sentimentos**, que se transformam em **Comportamentos**, que determinam **Resultados**.

No seu viver diário, jamais critique uma pessoa, de forma alguma! Alguém escreveu que *"a crítica é o modo mais rápido e eficaz de destruir as ambições de uma pessoa"*. Algumas pessoas acreditam que existem dois tipos de crítica, a construtiva e a destrutiva, mas enganam-se terrivelmente, e esse engano produz miséria em suas próprias vidas e na das outras pessoas. A crítica só destrói, nada mais. Se você não acredita nisso, sugiro que consulte um dicionário e busque o significado das palavras "criticar" e "construir". Você verá que elas jamais poderão ser usadas juntas.

Se você criticar uma criança por um certo tempo, dependendo do tipo de mente que ela tenha, pode destruir seu futuro para sempre, ou torná-la arredia e trancada em si mesma. Se você criticar seu cônjuge conseguirá que o relacionamento entre vocês dois fique cada vez mais complicado, além de destruir a pessoa, pouco a pouco. Se você criticar seus empregados regularmente, conseguirá que eles fiquem cada vez piores naquilo em que erram hoje, pois os estudos com seres humanos provam que o que é reforçado verbalmente se acentua cada vez mais, seja algo positivo ou negativo. Como pessoa, dia a dia você se torna aquilo que fala; e como pai, mãe, professor e líder você torna as pessoas aquilo que diz sobre elas e para elas.

Portanto, jamais critique! Pare de criticar e apontar o dedo para as pessoas. Pare de falar sobre o que elas não são ou não fazem. Pare de olhar o lado negativo das coisas. Para criticar alguém você não precisa usar um único dos bilhões de neurônios que o Criador lhe deu. As palavras que saem de sua boca mostram o tipo de pessoa que você é e o que você traz em seu interior. Se você quer aconselhar alguém e lhe dar sugestões para que a pessoa melhore, pergunte antes se a pessoa deseja sua opinião. Se quiser ser construtivo para uma pessoa, acrescentando algo positivo à vida dela, seja amável, sábio e oportuno, e fale tudo de forma a fazê-la sentir-se bem. Isso é construtivo, pois não chega nem perto de ser uma crítica. A crítica só destrói!

"O homem bom, do bom tesouro do seu coração tira o bem, e o homem mau, do mau tesouro do seu coração tira o mal, porque sua boca fala do que está cheio o seu coração." (Lucas 6:45)

"Tens visto um homem precipitado no falar? Maior esperança há para um tolo do que para ele." (Provérbios 29:20)

2. REMOÇÃO DE BARREIRAS

Todas as vezes que você se aproxima de alguém e inicia uma conversa, uma barreira se forma no cérebro da pessoa e também no seu, especialmente se for uma conversa relacionada à negociação, troca, mudança de opinião, vendas ou para estabelecer diretrizes sobre algo. Aprenda a remover essa barreira e melhore seus resultados de maneira acentuada e rápida! Esta ferramenta pode ser usada de **duas diferentes maneiras**:

1. Começando toda conversa de forma positiva, falando sobre um assunto positivo, fazendo o contrário do que a maioria das pessoas faz. Rejeite as conversas ruins, os assuntos negativos, as expressões limitantes, as conversas enfraquecedoras. Jamais inicie uma conversa reclamando do clima, do cansaço, falando de doenças, de mortes, guerras, ou comentando sobre notícias negativas. Escolha um assunto ou uma notícia positiva e use isso o dia todo, em todas as conversas e lugares. Se você perceber que a outra pessoa tem a propensão de achar o lado negativo daquele assunto, reverta para o lado positivo de forma gentil, mas incisiva. Se ela insistir no negativo, insista mais no positivo, mas sempre de forma gentil, sem fazer parecer que a está contrariando. Se você perceber que a pessoa se banqueteia com assuntos pobres, podres, maus e destrutivos, encerre a conversa imediatamente, mas sempre de forma gentil. **Não perca seu tempo com os tolos**. A Bíblia nos ensina: *"Não fales ao ouvido do tolo, porque desprezará a sabedoria das tuas palavras" (Provérbios 23:9).*

2. Nunca perca uma chance de elogiar algo ou alguém. Elogie pessoas, atitudes e coisas, sempre, onde quer que você vá. Observe as pessoas e verá que todas elas possuem características positivas e fortalecedoras, as quais a ignorância popular chama erradamente de "qualidades". Se você usar as palavras "qualidade" e "defeito", corre o risco de fazer julgamentos indevidos, pois, em muitos casos, isso é relativo e muda de pessoa para pessoa. O que é considerado *"defeito"* para alguém pode ser visto como *"qualidade"* por uma outra pessoa. Troque essas duas palavras por *"característica"*, e acrescente a ela as palavras *"enfraquecedora"* ou *"fortalecedora"*.

Elogie pelo menos uma pessoa, coisa ou atitude por dia, e, em pouco tempo, sua vida se alterará para melhor com tanta intensidade que você ficará surpreso. O elogio só é válido se for sincero, se vier do coração, e pode ser feito de diversas formas: **com gestos, expressões faciais, palavras diretas, cartões, mensagens escritas, toques físicos, entre outras.** Ele pode ser "direto" (dito para a própria pessoa), "indireto" (dito para outra pessoa, mas na presença da pessoa que você deseja elogiar), ou "transferido" (usando o veículo de comunicação indireta mais poderoso do Universo: o fofoqueiro).

> *"Homens bem-sucedidos fazem diariamente o que homens fracassados fazem ocasionalmente."*
>
> (Mike Murdock)

"As palavras suaves são favos de mel, doces para a alma e saúde para os ossos." (Provérbios 16:24)

3. A ARTE DE SER DIFERENTE – 1ª PARTE (ATUAÇÃO NA ROTINA DIÁRIA)

A "ARTE DE SER DIFERENTE" é tão importante que é considerada uma das COLUNAS DE SUSTENTAÇÃO do tema central deste livro. Ela é tão profunda e abrangente, que precisa ser explicada em três partes ao longo deste livro. Mas o que ela significa, afinal?

SER UM ESCUTADOR NUM MUNDO DE FALADORES.

O mundo está repleto de faladores compulsivos. A maioria das pessoas é assim, são como matracas eletrônicas, falam sem parar, sem pensar, emendam assuntos uns nos outros, sem se preocupar com quem está perto, sem respeitar o direito dos outros de não querer ouvir o que elas estão dizendo, ou o desejo deles de falar um pouco também. Além disso, muitas vezes, são mal-educados, grosseiros, rudes, infelizes, quebrando regras importantes e falando ao mesmo tempo que as outras pessoas. Se o seu desejo é obter sucesso na vida, seja diferente! **Fale sempre menos do que deseja e menos que as outras pessoas.** Seja um ESCUTADOR num mundo repleto de faladores. Seja um intelecto FORTE num mundo repleto de mentes raquíticas. Seja um COLOSSO humano num mundo cheio de VERMES faladores.

Na comunicação falada sempre existem duas partes: o comunicador e o interlocutor. Algumas vezes você será o comunicador, ou seja, a pessoa que fala; outras vezes você será o interlocutor, ou seja, aquele que escuta enquanto outra pessoa fala. Se você deseja ter amigos, conseguir muitos clientes, admiradores da sua pessoa e do seu trabalho, e **deixar portas abertas** por onde passar, siga as orientações a seguir. Elas podem ser chamadas de **"AS SETE LEIS DE OURO"**.

Sempre que estiverem falando com você: a) jamais interrompa a outra pessoa, seja por olhar para outro lado, seja para escutar outra pessoa falando, seja para atender ao telefone; b) jamais bloqueie a comunicação (com gestos de cabeça, expressões faciais que revelem seu descontentamento ou discordância, ou verbalmente); c) jamais demonstre ansiedade (roendo unhas, balançando as pernas, tamborilando os dedos, lambendo os lábios, soltando pequenos suspiros) pois a pessoa perceberá que você não está ouvindo, e sim apenas esperando que ela termine para você poder falar de novo; d) mantenha o fluxo da comunicação (use o recurso da paráfrase, certificando-se de que está entendendo tudo o que é dito, e estimulando a pessoa a prosseguir). O **recurso da paráfrase** é especialmente útil se você estiver lidando com uma pessoa prolixa, daquelas que usam MIL palavras para dizer ou contar algo, quando poderiam usar apenas cinquenta, ou que dão voltas e mais voltas e repetem sempre as mesmas coisas. Existem casos em que você é obrigado a ouvir, pois, ou é importante naquele momento, ou trata-se de um cliente ou de uma pessoa amada. **Ouça profundamente, depois, com o tempo, você aprenderá a escutar.** Entretanto, saiba que o uso dessa ferramenta não obriga você a ser escravo das outras pessoas nem a ter que aturar pessoas que tomam o seu tempo indevidamente e nunca o conduzem a uma solução. Existem pessoas que nada nos acrescentam e ainda tentam retirar de nós o que temos. Se encontrar pela frente alguém assim, recuse-se a conversar, mas faça isso gentilmente.

Sempre que você estiver falando com alguém: a) jamais fale o tempo todo (resista à tentação, fale um pouco e faça pausas; seja breve e direto); b) jamais fale somente sobre assuntos que você gosta ou que julga importantes (lembre-se que os gostos das pessoas são muito diferentes e haverá sempre pessoas que não gostam do que você gosta; deixe que os outros falem sobre o que eles gostam também); c) jamais demonstre ser muito entendido em algo ou em tudo o que estiver sendo conversado (as pessoas tendem a detestar e evitar "sabichões" e "espertalhões", por considerar que eles estão tentando ensiná-las e se colocando acima delas; jamais demonstre ser mais entendido que outra pessoa). Aliás, se sobrar apenas uma opção, entre ser visto como sábio ou parecer um pouco tolo, **prefira a segunda opção.** É muito melhor ser um *pseudotolo* com portas abertas e acesso pleno, do que um *pseudosábio* com portas fechadas e inimigos pela frente.

"Quem tem conhecimento é comedido no falar, e quem tem entendimento é de espírito sereno. Até mesmo o tolo passará por sábio, se ficar em silêncio, e, se contiver a língua, parecerá que tem discernimento." (Provérbios 17:27-28)

4. NOMES TÊM UM SIGNIFICADO ESPECIAL

Um casal, muitas vezes, leva nove meses ou mais para escolher o nome do seu filho que vai nascer. Anos se passam e, de repente, aparece alguém que se acha no direito de substituir aquele nome por um apelido. Outras pessoas ouvem isso e juntam-se aos primeiros, prosseguindo com esse pernicioso hábito, pois a mediocridade sempre aglutina pessoas de atitudes semelhantes, e um bando de imbecis sempre atrai mais imbecis. **Jamais chame alguém por apelidos, a não ser que a pessoa peça isso a você, especificamente.** Existem pessoas que, quando são apresentadas a alguém, automaticamente passam a chamar aquele alguém pelo nome que ouviram outras usarem, ou escolhem por si próprias um nome que considerem mais fácil de lembrar. **Fuja disso! Jamais chame alguém por um nome qualquer, a não ser que a própria pessoa oriente você a fazer isso.**

A história do mundo está repleta de exemplos da imensa importância que os seres humanos dão a esse fator, portanto, respeite-o. Jamais aceite andar com os tolos, caso contrário, você colherá os mesmos frutos que eles e se tornará um fracassado. Seja diferente! As pessoas não perdem dinheiro e oportunidades nas grandes coisas, e sim na sucessão de pequeninas coisas que elas fazem ou que negligenciam. Sempre que conhecer uma pessoa, pergunte a ela **como ela gosta de ser chamada** ou **como ela prefere ser chamada** ou **como você deve chamá-la**. Algumas pessoas possuem nomes compostos (João Carlos, Carlos Alberto, Pedro Augusto), e preferem ser chamadas por apenas uma parte dele; outras preferem ser chamadas pelo sobrenome; e há, ainda, as que preferem ser chamadas por um apelido. Seja como for, chame a pessoa da forma que ela preferir e determinar.

Além de tudo isso, entenda que nomes têm significados. Desde os tempos antigos eles são usados para criar futuros e abençoar pessoas. Nomes são PALAVRAS, e palavras liberam o *Poder que vem do Alto*, como nos mostram a **LEI DA TRANSFORMAÇÃO** e a **LEI DAS PALAVRAS**. As mães israelitas, por exemplo, escolhiam com muito carinho e cuidado os nomes para seus filhos e filhas. Elas desejavam que, mesmo nos momentos em que os repreendessem, a menção do seu nome atraísse as bênçãos de Deus. Veja alguns exemplos de nomes e seus significados: *DANIEL (Deus é o meu juiz), ISRAEL (Aquele que lutou com Deus e prevaleceu), EZEQUIEL (Grande profeta), NATANAEL (Presente de Deus), JOEL (Adorador de Deus), ISMAEL (Deus o ouviu), IVAN ou JOÃO (Deus é gracioso).*

Seu nome tem um significado. O nome das pessoas também, portanto, use-os com RESPEITO.

> *"A grande diferença está nos detalhes. Um vinho pode custar dez ou vinte vezes mais do que outro, por ser um pouco melhor. Porém, ele nunca será dez ou vinte vezes melhor."*
>
> (Heitor Herculano de Paula, Presidente da Azaleia)

5. FUJA DOS HOLOFOTES

Existem TRÊS MANEIRAS diferentes de aplicar esta ferramenta, mas todas elas apontam para a mesma direção e se baseiam na mesma filosofia.

a) Um dos erros mais graves e mortais cometidos pela maioria das pessoas é a preocupação em alardear os próprios méritos e qualidades, assim como contar aos outros – sem fazer uma pré-seleção – as suas conquistas, promoções e alegrias. Além disso, costumamos pensar (deduzir, subentender, achar, esperar, ter expectativas) que as pessoas mais próximas a nós – familiares, cônjuges, filhos, amigos – têm a obrigação de se alegrar com nossos êxitos. Isso geralmente traz problemas, tristezas e desalento, além de criar abismos entre nós e essas pessoas que nos são queridas. Entenda, enquanto é tempo, que pouquíssimas pessoas se alegrarão com o seu Futuro, quando ele chegar. E não é por não amarem você que elas agem assim; é apenas porque elas estão, geralmente, às voltas com suas próprias vidas. Portanto, jamais ande por aí contando suas alegrias para todo mundo. Faça isso apenas com aquele pequeno grupo de pessoas que – quer sejam familiares, amigos ou não – se alegrem GENUINAMENTE com os seus triunfos.

b) Quando você tiver uma ideia ótima, que após ser implementada vá trazer um resultado impressionante, e que vá beneficiar muitas pessoas e não apenas você, não se apresse em tornar isso notório, nem apresente a ideia de forma completa, pronta. Isso é perigosíssimo. O importante, realmente, é que **você saiba que a ideia é sua**. Quando você tiver uma ideia, mas precisar que alguém hierarquicamente superior autorize a implementação da mesma, apresente a ideia em pequenas partes, em pequenas sugestões, espalhadas ao longo de vários dias, talvez. Não tenha pressa! Se for o caso, se ocorrer naturalmente, deixe que a outra pessoa pense que a ideia é dela, pois as pessoas tendem a gostar **mais das próprias ideias do que das dos outros.** Troque o mérito pelo LUCRO. Aplausos não compram produtos ou serviços. Elogios não podem ser depositados no banco nem render juros. Tapinhas nas costas e menção do seu nome no mural da empresa não são aceitos por seus credores para o pagamento de suas dívidas.

c) Quando alguém atribuir-lhe um mérito, caso ele realmente seja seu, aceite com reverência e carinho, agradeça humildemente e de coração, mas arrume um jeito de dividir isso com a sua equipe, esposa, filhos e outras pessoas que lhe ajudaram a conquistar aquilo. Entenda que ninguém faz nada sozinho nesse mundo. E se o mérito não for seu, rapidamente, mas de forma suave e polida, esclareça a quem ele realmente pertence. As pessoas irão respeitar-lhe muito por isso. Comemore seus sucessos com alegria, mas evite fazer isso em público, e se o fizer que seja rápido. Quando estiver diante de outras pessoas, prefira falar mais sobre as vitórias e conquistas delas ou de outros.

Esta ferramenta fará mais por você do que todos os esforços que você mesmo poderia fazer, tornando-lhe uma pessoa mais querida, mais apreciada, mais popular e com maior poder de influência.

"Quando por alguém fores convidado a uma festa, não te assentes nos lugares de honra, perto do dono da casa; não aconteça que esteja convidado outro mais digno do que tu, e, vindo o que te convidou a ti e a ele, te diga: Dá o lugar a este; e então, com vergonha, tenhas de tomar um lugar de menor honra. Mas, quando fores convidado, vai, e assenta-te nos lugares de menor honra, para que, quando vier o que te convidou, te diga: 'Amigo, venha, e assenta-te

perto de mim'. Então terás honra diante dos que estiverem contigo à mesa." (Lucas 14:8-10)

6. QUÍMICA EMOCIONAL

Em todos os lugares onde você for, sempre encontrará pessoas das quais ninguém gosta. Seja porque elas são egoístas, ranzinzas, mal-educadas ou ásperas ao falar, seja porque elas são secas, fechadas ou mal-humoradas. Normalmente, tais pessoas, especialmente se elas ocupam um cargo mais alto que a maioria, são alvos de chacotas, críticas e desaprovação no grupo ao qual pertencem. Quando você estiver diante de uma situação assim, em que haja uma pessoa dessas, você tem duas escolhas: agir como a maioria, atacando, criticando e se afastando da pessoa, ou usar a ferramenta aqui descrita para mudar a situação e a própria pessoa. Essa é a PRIMEIRA FERRAMENTA que coloco à sua disposição, que serve para MUDAR AS PESSOAS QUE NÃO GOSTAM DE VOCÊ ou das quais VOCÊ NÃO GOSTA. Existem duas diferentes vias para esta prática, as quais não precisam, necessariamente, ser realizadas juntas ou na sequência aqui demonstrada:

USE A EMPATIA: Pergunte a si mesmo *"Por que será que essa pessoa é assim ou age assim?"*, *"O que terá acontecido para que ela assumisse essa postura?".* Tais perguntas abrem espaço no seu cérebro para as mais variadas respostas, proporcionando-lhe um potencial de compreensão, que é a chave para o acesso a tal pessoa, independentemente de sua personalidade e da dela. Coloque-se no lugar da pessoa, e entenda que se você fosse ela, agiria da mesma forma. **A habilidade da empatia só é desenvolvida por pessoas de mente aberta, coração dedicado e que buscam a Excelência em tudo o que fazem.** Criticar é fácil e julgar o comportamento alheio é ainda mais fácil, mas em nada vai ajudar você a crescer e ser feliz. Jamais julgue uma pessoa, mesmo que ela lhe pareça irritante; você não tem esse direito. Existe um ditado popular que você deve conhecer: *"Pessoas brilhantes falam sobre ideias; pessoas comuns falam sobre coisas; pessoas IMBECIS falam sobre outras pessoas."*

USE O "MAIOR PODER DO UNIVERSO": comece a tratar aquela pessoa da mesma forma que você a trataria se ela fosse um amigo ou alguém que você estima e aprecia. Cumprimente-a sempre e com cordialidade, dê atenção a ela, faça pequenos favores sem que ela peça, convide-a para fazerem algumas coisas juntos, abra-se um pouco com ela se houver espaço para isso, despeça-se dela sempre que for embora. Ela pode até resistir no começo, mas você notará que, com o tempo, ela não terá outra alternativa que não seja devolver tudo o que recebe de você, e aquela "casca" vai se quebrando, dando espaço para uma situação totalmente nova e que produz ganho para ambos.

A prática desta fantástica ferramenta abre portas, produz imensos resultados, altera destinos, remove barreiras, transforma corações e comportamentos, e permite aos que a utilizam ir aonde as pessoas comuns jamais chegarão. Através da compreensão sobre as outras pessoas, nos aproximamos mais e mais do **Autoconhecimento**. É impossível prejudicar alguém sem fazer o mesmo a si próprio; o contrário, portanto, é igualmente verdadeiro.

"*E disse-lhes: Atendei ao que ides ouvir. Com a medida com que medirdes vos medirão a vós, e ser-vos-á ainda acrescentada a vós que ouvis.*" (Marcos 4:24)

7. AMPLIE SUA COMPREENSÃO

A ignorância popular está repleta de enganos, absurdos e armadilhas que fazem muita gente perder dinheiro e encontrar "portas fechadas". Entre os maiores absurdos e enganos está um que se destaca: **o conceito comumente atribuído ao termo "INTELIGÊNCIA"**. Por exemplo: se uma pessoa fala correta e fluentemente em público, tem boa memorização, possui diplomas e graduação escolar, e faz cálculos sem usar uma calculadora, as pessoas dizem que ela é INTELIGENTE. Porém, se alguém, ao contrário, não é bom em nenhuma dessas quatro coisas, é chamado de BURRO. Se você consultar um dicionário, verá que inteligência nada tem a ver com escolas ou diplomas nem com desembaraço para falar em público, e sim com agudeza mental, rapidez e facilidade para adaptar-se a novas situações e adquirir novos aprendizados. Além disso, só podemos dizer que alguém é INTELIGENTE, se a pessoa adquiriu e pratica a "arte de ser feliz"; pois como pode alguém ser chamado de INTELIGENTE se vive uma vida miserável, emocionalmente falando? Por acaso pode um homem ser intitulado INTELIGENTE por ser rico de dinheiro, quando por ser pobre de espírito ele acaba tirando a própria vida? Uma pessoa pode ser definida como INTELIGENTE, se não consegue ter amigos e não tem uma pessoa para amar e ser amada por ela? Inteligência é mais que "embalagem", é "conteúdo"!

O cérebro humano utiliza três canais para o aprendizado e a percepção: VISUAL, AUDITIVO e CINESTÉSICO. **Não existem pessoas "burras",** o que existem são pessoas que aprendem de formas DIFERENTES. A escritora Dawna Markova, em seu livro *O natural é ser inteligente*, afirma que existem nove tipos diferentes de pessoas no que diz respeito ao aprendizado, pois em cada um dos três grupos anteriores existem mais três subdivisões. Assim, se você quiser ser bem-sucedido ao conseguir que as pessoas entendam o que você diz e façam o que você deseja delas, entenda que há duas formas de usar esta ferramenta:

SEJA EFICIENTE: descubra como a outra pessoa entende e aprende, e use os meios adequados para transmitir o que você deseja que ela apreenda. Se ela for predominantemente VISUAL, use desenhos, mapas, maquetes, modelos ou fotos. Se ela for AUDITIVA, fale devagar e claramente, enriquecendo a conversa com detalhes e informações. Se ela for CINESTÉSICA, coloque-a "dentro" do processo, praticando com ela, deixando-a participar. Você pode fazer a "leitura" do movimento dos olhos dela enquanto ela está lhe ouvindo: se ela move os olhos PARA CIMA, é porque ela é VISUAL (pensa através de imagens); se ela move os olhos PARA OS LADOS, em LINHA RETA, é porque ela é AUDITIVA (pensa através de sons), e se ela move os olhos PARA BAIXO é porque ela é CINESTÉSICA (pensa através de sensações).

SEJA EFICAZ: faça uma dramatização das suas ideias e objetivos, mostrando o que deseja e despertando nela sentimentos, pois todas as pessoas, independentemente de como são, aprendem e entendem mais rapidamente se você representar o que deseja mostrar. Desenvolva a habilidade de **despertar emoções** ao falar, e descubra como é possível conseguir entender e ser entendido por todas as pessoas. Exemplos: se você vende vidros, em vez de tentar explicar porque ele é resistente, faça uma demonstração batendo nele com força ou usando outro artifício; se você vende impermeabilizante, não perca tempo explicando a química que o torna bom, demonstre isso despejando água numa superfície na qual ele foi espalhado; se você vende alimentos, permita e estimule a degustação, isso vende mais do que qualquer explicação. Não tente convencer, prefira VENCER. E mais: use sempre o poder das METÁFORAS. Uma metáfora é uma "figura de linguagem" (pode ser uma história, uma parábola, uma comparação com algo real, uma analogia com algo da natureza). As metáforas são um recurso de aprendizagem fantástico e garantido. Não espere que a pessoa CREDITE dinheiro para você, antes de conseguir que ela ACREDITE em você.

"Tudo isto disse Jesus, por parábolas à multidão, e nada lhes falava sem parábolas." (Mateus 13:34)

8. A VERDADEIRA RIQUEZA

Em todos os lugares aonde você for, em todas as empresas onde trabalhar, em todas as igrejas, associações e agrupamentos de seres humanos você encontrará pessoas insensatas, ríspidas, mal-educadas, prepotentes, cheias de si, inchadas do próprio ego, que tratam as pessoas como se elas fossem lixo, ofendendo-as, tratando empregados como se eles fossem objetos, gritando com os outros como se eles fossem surdos, humilhando filhos e cônjuges na presença de terceiros, ignorando o que o ser humano tem de mais sagrado: **sua DIGNIDADE**. Tais pessoas são imbecis, retrógradas, infelizes, tolas, medíocres que flutuam no próprio vácuo cerebral e se afogam no próprio limbo emocional. Passaram a vida juntando lixo e agora o despejam em cima dos outros. Acham-se nesse direito. Aprenda com tais pessoas! Existe uma frase que diz que: *"Nenhum ser humano é inútil, em último caso ele serve de mau exemplo"*. Observe-as e aprenda a fazer o contrário do que elas fazem.

Aplicar esta ferramenta é muito simples: **jamais diga ou faça algo que leve uma pessoa a sentir-se pequena, diminuída diante de si mesma, de você ou de outras pessoas. Jamais diga ou faça algo que constranja alguém, jamais faça gozação de algo que seja importante ou sagrado para alguém.** Respeite todos os seres humanos e ajude-os a preservar a sua dignidade. Existem pessoas que possuem o "verniz emocional" muito sensível, como um fio tênue, que pode se quebrar à menor pressão. Você nunca sabe quais os reais efeitos que suas palavras podem causar em alguém, portanto, seja cauteloso. Muitos suicídios ocorrem por situações assim. **Suas palavras podem criar ABISMOS ou PONTES, lembre-se disso.**

Jamais tome algo da mão de alguém quando a pessoa estiver se esforçando para fazer algo que você ou alguém pediu a ela. Seja cuidadoso com as brincadeiras que você faz com as outras pessoas, pois, sem querer, você pode destruir os sonhos mais preciosos que elas possuem. Jamais, em qualquer circunstância, repreenda alguém na presença de outra pessoa. Pratique o RESPEITO, em tudo o que você fizer. Respeite os outros. Respeite a si mesmo. Respeite todas as formas de vida, afinal, se você não tem o poder de dar a vida, não se apresse em destruí-la. Seja brando e comedido ao falar, bem como na forma de agir com as pessoas. Você, assim como todos os seres humanos, é um **Construtor de Destinos** – dos seus filhos, dos seus amigos, dos seus liderados, das pessoas que convivem com você; portanto, construa destinos felizes e você colherá a recompensa em forma de Êxito.

"Posto que eu sou imperfeito e necessito da tolerância e da bondade dos demais, também tenho de tolerar os defeitos do mundo, até que eu possa encontrar o segredo que me permita melhorá-los."

(Mahatma Gandhi)

"Na multidão de palavras não falta o mal, mas o que modera os seus lábios é sábio." (Provérbios 10:19)

9. PROJETANDO VERDADES

Com os avanços da tecnologia é possível a você, hoje em dia, projetar qualquer imagem diretamente do seu computador ou de um DVD *player*, num tamanho muito maior, simplesmente usando um projetor *datashow*. Para isso, basta você conectar o *player* ou o computador ao projetor com um cabo HDMI, o qual transmite os dados através de sinais digitais.

Seu cérebro é o melhor "player" já inventado. Ele é também o MELHOR E MAIS SOFISTICADO computador já criado. Nos anos 1960, um grupo de cientistas intentou uma maneira de DUPLICAR o cérebro humano, mas desistiram do projeto por considerá-lo inviável, estratégica e financeiramente *(seriam necessários: **um espaço de 50 mil m², 10 bilhões de células eletrônicas**, das que são usadas em computadores, e, para movimentar tudo isso, **energia equivalente a 1 bilhão de watts de potência**).*

Lembre-se da **"LEI DA TRANSFORMAÇÃO"**, mencionada anteriormente: o que **VOCÊ FALA** produz o que **VOCÊ PENSA**. O que você pensa produz o que **VOCÊ SENTE**. O que você sente produz o que **VOCÊ FAZ**. E o que você faz produz o que **VOCÊ CONSEGUE**. Esta ferramenta permite a você transformar as pessoas naquilo que você deseja que elas sejam, pois seu cérebro projeta as verdades antes de elas existirem. Tudo o que falamos tende a se concretizar, por isso as pessoas **sempre serão aquilo que dizemos que elas são**. Isso se aplica especialmente a filhos, empregados, sócios e amigos.

Deus criou tudo através da palavra (Genesis 1:1-25), mas nós – os seres humanos, Seus filhos – Ele criou com as próprias mãos (Genesis 1:26 e 27). Somente a nós Ele deu o poder de FALAR, da palavra falada, com isso Ele queria que nós soubéssemos que nos foi dado o "poder de criar com as palavras". Você cria e sempre criou sua vida com suas palavras. Pode ser que você nunca tenha percebido isso, ou se apercebido disso – afinal, na escola nos ensinaram tantas coisas inúteis e estéreis, e nunca nos ensinaram algo tão vital, tão importante. Sua vida é HOJE o que suas palavras disseram tempos atrás. Você se lembrar ou não disso, entender ou não isso, concordar ou não com isso, não muda esse fato.

Jesus de Nazaré disse: *"E vos darei a chave do céu, e tudo o que ligares na terra será ligado nos céus, e tudo o que desligares na terra será desligado nos céus" (Mateus 16:19)*. Isso significa que QUALQUER coisa que duas pessoas concordem, através de palavras (sejam orações, imprecações, frases) será LIGADA no Céu. Portanto, fique atento às palavras que você costuma ouvir, falar ou com as quais costuma concordar (pois "quem cala, consente"). Escolha bem as pessoas com quem conversa, com quem anda, para quem conta os seus segredos e planos.

Nos escritos religiosos do mundo inteiro, encontramos duas variáveis para os dois mais importantes tipos de palavra: **BENDIZER** e amaldiçoar. Nosso foco é a primeira delas. Do latim *benedicere*, bendizer significa dizer algo bom sobre algo ou alguém, fazendo disso uma verdade. Isso significa que a nós foi dado o poder de alterar nosso destino e o das outras pessoas, através do **uso correto** das nossas palavras. Sempre que você desejar mudar alguém para melhor, fale com a pessoa e da pessoa COMO SE ELA JÁ FOSSE DAQUELA MANEIRA, COMO SE ELA JÁ TIVESSE AQUELA DETERMINADA CARACTERÍSTICA. Ela se transformará naquilo que você disse a respeito dela, mesmo que ela não ouça suas palavras. Portanto, fale bem dos seus empregados, fale bem dos seus filhos, fale bem da sua família, fale bem do seu trabalho, fale bem dos seus amigos, fale bem do seu bairro, fale bem do seu carro! Projete novas verdades, e elas se concretizarão em sua vida, ao seu redor.

"As mudanças na sua vida serão sempre proporcionais ao seu conhecimento útil."

(Mike Murdock)

10. A VOZ CRIADORA EM AÇÃO

Agora que você já conhece o poder criador das palavras, use-as com perícia e com Sabedoria, entenda como elas produzem as mais variadas emoções e reações nas outras pessoas, na vida humana e no mundo em si.

As pessoas com as quais você convive poderão ser vistas por você como ADVERSÁRIAS ou **PARCEIRAS**. Caso você as veja como adversárias, tenderá a lutar com elas o tempo todo para defender sua posição. Mas se você as enxergar como **PARCEIRAS,** pode ajudá-las a descobrir e a valorizar o potencial que elas possuem. Assim, elas se colocarão favoravelmente a você e às suas ideias, ajudando-o ao invés de se oporem a você. Com isso seu **GUERREIRO INTERIOR** terá mais poder e atuará mais em sua vida. Com isso você se afirmará cada vez mais como **SAMURAI**.

Deus – o Criador dos mundos, como vimos na **nona ferramenta**, ao criar você, deu-lhe o poder de ser também *um criador* (com "c" minúsculo). Ao permitir-lhe o uso da palavra falada e escrita, Ele colocou à sua disposição **OS 3 MAIORES PODERES DO UNIVERSO**. As palavras certas liberam esses poderes, colocando-os à sua disposição, fazendo com que eles atuem a seu favor, alargando suas veredas. Veja a seguir uma escala que demonstra as palavras que você **mais deve usar** e as que você **menos deve usar**.

A que você MENOS deve usar: **EU** (ela afasta as pessoas e levanta uma barreira entre elas e você).

A que você MAIS deve usar: **NÓS** (ela aproxima as pessoas de você e abranda as contrariedades).

As DUAS que você mais deve usar: **MUITO OBRIGADO!** (Elas colocam ao seu dispor O SEGUNDO MAIOR PODER DO UNIVERSO – A GRATIDÃO. Ao exercitar dessa forma a gratidão você passará a vivenciar verdadeiros Milagres em sua vida, e entenderá que no mundo em que vivemos há duas grandes verdades: a) os ingratos estão sempre infelizes – todas as vezes que você encontrar uma pessoa infeliz, saiba que ela é INGRATA em alguma área da própria vida, pois a ingratidão é a irmã gêmea da infelicidade; b) tudo o que você valoriza é multiplicado e perpetuado em sua vida, e tudo o que você desrespeita é retirado de sua vida para sempre.)

As TRÊS que você mais deve usar: **ESTÁ TUDO PERDOADO!** (Elas colocam ao seu dispor O TERCEIRO MAIOR PODER DO UNIVERSO: O PERDÃO. Ao perdoar alguém por algo que ele lhe tenha feito – ou que tenha deixado de fazer em seu benefício –, sua alma respira aliviada, seu coração se expande, sua vida se ilumina, e seus "potes" são preenchidos com as bênçãos e o com o favor divinos. Perdoar liberta a pessoa que perdoa, e nem sempre a pessoa perdoada.)

As QUATRO que você mais deve usar: **QUAL É A SUA OPINIÃO?** (Isso mostra que você se importa com as outras pessoas, que as respeita e valoriza suas opiniões. E isso não obriga você a agir de acordo com elas, lembre-se disso. Apenas cuide de "dar o retorno" necessário sobre as opiniões terem sido ou não acatadas.)

As CINCO que você mais deve usar: **SEU TRABALHO FICOU EXCELENTE, PARABÉNS!** (Essas palavras "são como graxa na engrenagem da vida", pois na maioria das vezes não somos valorizados ou reconhecidos pelos méritos que alcançamos, mas QUASE SEMPRE somos atacados e criticados pelos erros e deméritos que geramos.)

As SEIS que você mais deve usar: **EU DESEJO CONHECER MELHOR SEU PENSAMENTO.** (Você pode usá-las de múltiplas formas, seja para neutralizar uma pessoa "do contra" com a pergunta: *"Eu desejo conhecer melhor seu pensamento... por que é que você é sempre contra tudo o que é proposto? Sua bronca é comigo ou você é negativo mesmo?"*; aprender algo bom com uma pessoa melhor que você usando a pergunta: *"Eu desejo conhecer melhor seu pensamento... como você consegue estar sempre sorrindo, mesmo quando as coisas vão mal em sua vida? Qual é a sua receita, pode me ensinar?"*; ou, ainda, corrigir alguém que ninguém suporta, com a pergunta: *"Eu desejo conhecer melhor seu pensamento... você faz ideia do quanto as pessoas lhe odeiam e falam mal de você? Você não se importa com o que elas pensam a seu respeito? Gosta de ser odiado e rejeitado por todos?"*.

As SETE que você mais deve usar: **EU SINTO MUITO PELA FORMA COMO O TRATEI.** (Se um dia você, mesmo sabendo o que é certo, "escorregar" e tratar alguém de forma ríspida, não hesite em usar essas palavras, pois elas curam qualquer ferida, especialmente se forem ditas com sinceridade e no tom e momento certos.)

As OITO que mais deve usar: **POR FAVOR, ME PERDOE PELO JEITO QUE FALEI.** (Esta é uma versão diferente das SETE palavras descritas, por isso seu uso é idêntico.)

As NOVE que você mais deve usar: **EU PROMETO QUE DE AGORA EM DIANTE FAREI ISSO DE MODO DIFERENTE.** (Use essas palavras sempre JUNTO com as SETE ou as OITO anteriormente descritas, e sempre numa frase dita logo em seguida.)

Um dia que ficará para sempre gravado em sua memória é o dia em que você finalmente descobrir e comprovar que **simples palavras**, quando corretamente utilizadas, podem abrir uma estrada ampla e plana para seu Triunfo, e que com a ajuda das pessoas é muito mais fácil você atingir seus resultados.

"Existem grandes homens que fazem com que os demais se sintam pequenos.
Mas a verdadeira grandeza consiste em fazer com que todos se sintam gigantes."

(Charles Dickens)

"Os homens de vontade pobre se propõem a voar e acabam arrastando-se. Nunca dizem 'faço', que é a fórmula do homem saudável; preferem dizer 'farei', que é o lema da vontade doente."

(José Ingenieros)

"Às vezes é melhor ficar em silêncio e deixar que pensem que você é um imbecil, do que abrir a boca e acabar de vez com as dúvidas."

(Abraham Lincoln)

礼儀 を 正しくすべし。

Reigi wo tadashiku subeshi.

Eu manterei as boas maneiras.

***Jamais criticarei** outra pessoa. A crítica destrói, sempre.*

*Começarei toda conversa **com um assunto positivo**.*

***Nunca perderei uma chance** de elogiar algo ou alguém.*

*Jamais **interromperei ou bloquearei** as pessoas.*

***Falarei pouco** e farei pausas,*

***respeitarei os gostos** das pessoas.*

*Evitarei **parecer mais sábio** que as outras pessoas.*

*Perguntarei **por qual nome** as pessoas*

querem ser chamadas.

*Ao receber uma honra, **agradecerei e compartilharei**.*

*Tratarei as pessoas **como quero que elas me tratem**.*

*Lembrarei que **todas as pessoas** são inteligentes.*

*Jamais **envergonharei ou rebaixarei** alguém.*

***Usarei as palavras para criar** uma vida melhor.*

*Usarei a **"Arte da Gratidão"** o tempo todo.*

Dinastia II – ZEN (Bondade)

Aprendendo com o "Guerreiro Interior"

Neste capítulo estão demonstradas NOVE FERRAMENTAS PARA CONSEGUIR A COLABORAÇÃO ESPONTÂNEA DAS PESSOAS, ou seja, conseguir que elas façam tudo o que você deseja delas, sem haver desgaste emocional seu ou delas. Agora que você já reencontrou seu **GUERREIRO**, pode passar a aprender com ele, aproveitando a sua companhia, e ele pode ensinar você nas mais variadas ocasiões. Além disso, ao aprender com ele você se fortalecerá e crescerá através da contemplação. Seja bem-vindo (a) ao palco das ações Grandiosas!

"As pessoas não se importam com quanto você sabe, até saberem o quanto você se importa com as pessoas."

(John Maxwell)

1. UMA ARMA QUE DESTRÓI OBSTÁCULOS

A maioria das pessoas está sempre buscando conhecimentos e técnicas mirabolantes para melhorar seus resultados financeiros e pessoais. Elas desperdiçam tempo com coisas difíceis, complicadas na aplicação, dispendiosas, demoradas e que na maioria das vezes não dão frutos. Ignoram que são as coisas mais simples, que já conhecemos desde a infância, que nos trazem os melhores resultados. O SORRISO é uma **arma potente**. Ele beneficia quem o recebe, mas não tanto quanto o faz para quem o dá. Ele abre portas e amolece até as pessoas mais duras, suaviza ambientes e altera a cor do dia.

Já foi amplamente comprovado através de estudos realizados, que as empresas que têm equipes que sorriem vendem mais só por essa razão, mesmo quando comparadas a outras tecnicamente mais competentes. Se você aprender a falar ao telefone mantendo um sorriso em seu rosto, vai se maravilhar com os resultados e vai entender que mesmo pelo telefone a outra pessoa está vendo seu rosto e sua expressão. Mas existem duas coisas sobre o sorriso que você precisa saber, pois são coisas que **aprendemos de forma errada** desde a infância:

a) Ele não é dado com os lábios. Ele nasce no coração, passa pelos olhos e **morre nos lábios.** Você já deve ter percebido que existem pessoas que sorriem falsamente, ou seja, apenas com os lábios. Se não acredita em mim, faça uma experiência simples: coloque uma máscara que esconda a sua boca e nariz, vá ao espelho e sorria para o seu reflexo; depois faça uma cara de zangado ou triste; observe seus olhos, ambas as vezes, e perceberá como é fácil descobrir o que você está fazendo através deles. Seus olhos são as janelas de sua alma e o sorriso passa por eles sempre; quando é sincero ele faz seus olhos brilharem.

b) Você não precisa ter motivos para sorrir. É exatamente o contrário: nos momentos mais difíceis de sua vida, nas fases mais duras e tristes de sua existência, nas piores situações que você atravessar é que o sorriso é necessário. É quando a noite parece estar mais escura que o seu sorriso se torna mais necessário em sua vida. O sorriso tem um irmão gêmeo – o RISO. Eles andam sempre juntos, por isso, logo que você sorri, pouco depois estará rindo. Tudo fica mais leve e colorido quando desenvolvemos o hábito de sorrir para as pessoas. Você não sorri por ter motivos, você sorri para ter motivos.

Você pode ser uma pessoa dinâmica, generosa, aplicada, comprometida, competente e dedicada. Mas, se não sabe sorrir para as pessoas, tudo isso não vai adiantar para muita coisa. Não adianta ser gentil se você não for sorridente. Ninguém gosta de ser atendido ou fazer compras com gente de cara feia, sisuda, antipática. O sorriso transformará seus resultados se você o usar de forma correta. Não estou querendo afirmar que você deve passar o dia sorrindo feito um tolo, nem que deva fazer tudo com gracejos e brincadeiras. Pouca gente gosta de vendedores, colegas ou atendentes gozadores, frívolos e estúpidos. Não estou falando de brincadeiras, e sim de BOM HUMOR, de alegria e de simpatia. Você não precisa sorrir o tempo todo, nem ser sorridente como algumas pessoas são, precisa apenas aprender a sorrir quando uma pessoa chega até você, e quando ela se despede de você. Precisa sorrir quando você chega e quando se despede das pessoas. Entenda que cada pessoa é de um jeito – uns são mais alegres e expansivos, outros são mais introvertidos e tímidos. Seja sempre você mesmo, mas não seja sempre o mesmo. Sorria um pouco.

Sorria para seus filhos, para seu cônjuge. Sorria ao dizer BOM DIA para seus empregados e liderados. Sorria ao cumprimentar as pessoas, ao entrar numa loja, ao atender um telefonema. Sorria para mudar o seu dia, pois se *nadar contra a correnteza* já é trabalhoso, imagine fazer isso com paralelepípedos amarrados ao pescoço.

"O coração alegre é como o bom remédio, mas o espírito entristecido seca até os ossos." (Provérbios 17:22)

2. ECO EMOCIONAL – 1ª PARTE
(COMO PEDIR FAVORES SEM IRRITAR AS PESSOAS)

O "ECO EMOCIONAL" é tão importante que é considerado uma das COLUNAS DE SUSTENTAÇÃO do tema central deste livro. Ele é tão profundo e abrangente, que precisa ser explicado em três partes. Mas o que ele significa, afinal? **O SEU TOM DE VOZ É O PILOTO QUE DIRIGE AS OUTRAS PESSOAS, NUNCA PELA RAZÃO, SEMPRE PELO CORAÇÃO.**

Sua forma de falar com as pessoas, especialmente quando você lhes pede algo, desperta nelas um ou mais sentimentos, e são esses sentimentos que as guiam para fazer o que você pediu ou para NÃO FAZER. Cada vez que você fala com alguém, uma entre duas coisas acontece: ou a pessoa fica a seu favor ou fica CONTRA VOCÊ; ou atua como seu parceiro e colaborador ou como ADVERSÁRIO E OPONENTE. Sendo assim, COMO falar é muito mais importante do que O QUE falar, e embora a escolha das palavras seja importante e deva ser feita com cuidado, isso de nada adiantará **se o seu tom de voz for inadequado**. Lembre-se disso sempre que for pedir um favor para alguém, e você vai perceber que, seguindo corretamente essa instrução, mesmo talvez não gostando muito, as pessoas lhe ajudarão, caso isso esteja dentro das possibilidades delas.

Existem certos comportamentos, certos tipos de tom de voz, que são ODIADOS por todas as pessoas, e em todos os lugares do mundo, entre eles estão: **a ironia, o sarcasmo, o autoritarismo, a jocosidade e a rispidez.** Evite-os a qualquer custo, pois se forem usados eles criarão um abismo tão grande que às vezes se torna impossível você transpor depois. Pais e mães que não respeitam isso criam uma barreira de frieza, desapontamento e tristeza entre eles e seus filhos. Líderes e empregadores que não respeitam isso tendem a ter as piores equipes, os piores prejuízos, os piores ambientes de trabalho, e são odiados pelas outras pessoas. Professores que não entendem ou aceitam isso tendem a prejudicar as crianças e jovens que estejam sob sua tutela cultural, pois acabam destruindo vidas e destinos, além de criarem um inferno ao seu redor. Portanto, seja cuidadoso, saiba falar com as pessoas, use o tom certo, sempre.

A forma como você começa a conversa, a maneira como você faz um pedido, a forma como inicia o assunto, isso tudo junto é que define os resultados que você conseguirá. Se você precisa que alguém faça algo por você ou para você, não importa se você vai usar palavras como "por favor" ou "por gentileza", ou mesmo se vai ou não agradecer a pessoa depois; o que importa é o TOM DE VOZ que você vai usar. Uma pessoa pode ter cometido um erro CLÁSSICO, universalmente reconhecido – como cruzar um sinal vermelho ou ter se atrasado para o trabalho –, mas se você, ao falar com ela, usar um tom de voz jocoso, por exemplo, ela se rebelará e jamais aceitará seu pedido ou sua repreensão. E se o fizer, será apenas por obrigação, pois dentro do coração ela nutrirá maus sentimentos a seu respeito. Imagine um empregado seu, que opera equipamentos caríssimos, cheio de maus sentimentos por sua pessoa. Já imaginou o que ele seria capaz de fazer?

Outra coisa importante a ser observada, ainda nesse aspecto, é quando surge uma ocasião em que você tem que manifestar uma opinião diferente da de alguém, e isso possa ser interpretado como uma repreensão, correção ou discordância gratuita; especialmente se a outra pessoa for hierarquicamente superior a você. Nessas ocasiões, você deve fazer uso do que eu chamo de **COMBINAÇÃO MÁGICA** (*ela está detalhadamente descrita no capítulo OS ALICERCES DO TRATO COM PESSOAS deste livro*).

As pessoas que conseguem os MELHORES RESULTADOS e os MAIORES SALÁRIOS, que conseguem ser ouvidas e atendidas, são aquelas que já descobriram as verdades demonstradas acima. Sempre que você for dizer algo para alguém, pergunte-se primeiro "Como eu gostaria que alguém me dissesse isso?". É um Princípio que jamais falha!

"Pela longanimidade se persuade até o príncipe, e a língua branda amolece até os ossos." (Provérbios 25:15)

3. ENTENDIMENTO DA LÓGICA HUMANA

Os maiores líderes da história, bem como alguns dos homens mais ricos do mundo conheciam e dominavam esta poderosa ferramenta, pois entendiam a **"LÓGICA HUMANA": que todos os seres humanos estão o tempo todo preocupados consigo mesmos e com suas próprias vidas**. Por isso esses homens e mulheres reservavam uma parcela do seu tempo, diariamente, para demonstrar interesse pelas outras pessoas e dedicar-se a elas. Todos os dias você recebe do seu Criador 86.400 segundos. São 24 horas com 60 minutos cada, e cada minuto tem 60 segundos. Você é livre para escolher o que fazer com seu tempo. Isso se chama **livre-arbítrio**. Todas as pessoas, ricas ou pobres, cultas ou incultas, pequenas ou grandes, recebem a mesma quantidade de tempo. A diferença entre os derrotados e os Vitoriosos está no **uso que ambos fazem** do tempo.

Comece a praticar esta ferramenta dedicando **15 minutos do seu dia para demonstrar interesse por alguém**, seja no trabalho, na escola, na igreja ou em casa – na família. Interessar-se por alguém significa: *prestar atenção na pessoa, mostrar que sabe que ela existe, perguntar sobre algo que seja importante para ela – um problema pessoal, um familiar doente, uma conquista, uma* *preocupação que a está aborrecendo.* Interessar-se é, ainda: *ouvir, olhar para a pessoa enquanto ela fala, parafrasear de vez em quando o que ela disse, certificando-se de que você realmente está entendendo tudo o que é dito.*

Você pode começar essa prática com pouco: **um empregado por dia**, ocupando-se dois minutos com ele (todos têm problemas, aflições, angústias, anseios e tristezas). Dedicar **alguns minutos ao seu cônjuge todos os dias** e perguntar como foi o dia dele(a); para isso basta você esquecer a televisão por uma pequena fração de tempo. **Se você tem filhos ainda crianças, dedique alguns minutos para ficar com eles** – para brincar, passear, ver um desenho, olhar os cadernos de escola ou apenas conversar –, para isso basta você desligar seu celular e esquecer seu computador um pouco. **Se você tem ainda seus pais vivos, dedique alguns minutos** – por semana ou por dia – telefone para eles, pergunte como eles estão naquele dia; afinal, eles lhe emprestaram o bem mais preciso que existe – a vida –, e cuidaram de você durante anos, até que você pudesse cuidar de si mesmo. **Dedique alguns minutos para conversar com um cliente seu,** para agradecê-lo, pois clientes são pessoas que lhe entregam dinheiro em troca de algo, e graças a isso você pode comprar comida, cama e um teto sob o qual morar, entre outras coisas. Como você já deve ter percebido, existem muitas maneiras de praticar esta ferramenta.

Depois de algum tempo de prática, você poderá começar a aprimorar-se, e começar a dedicar **quinze minutos por dia para interessar-se pela pessoa mais importante do mundo: VOCÊ**. Use esse tempo para investir em si mesmo e no seu aprimoramento, para ler algo útil, para aprender a escrever melhor e diminuir seus erros em gramática; para aprender palavras novas e enriquecer seu vocabulário, para meditar um pouco, fazer planos para sua vida, prometer a si mesmo errar menos e respeitar mais as pessoas. Entenda, enquanto é tempo, que SE VOCÊ MORRER HOJE, A ÚNICA PESSOA QUE MORRERÁ JUNTO COM VOCÊ É VOCÊ MESMO. Jesus de Nazaré disse, certa vez: *"Pois que aproveita ao homem ganhar o mundo inteiro, se perder a sua alma? Ou que dará o homem em recompensa da sua alma? (Mateus 16:26).* Entenda também que se você não cuidar bem de si mesmo, não conseguirá cuidar das pessoas que você ama e que precisam de você.

Não há como descrever corretamente a imensidão de benefícios que você terá com o uso desta ferramenta! Ela é **uma das mais poderosas deste curso**, e produzirá maravilhas em sua vida se você a usar corretamente.

> "A atmosfera que você cria determina os resultados que você consegue."
>
> (Mike Murdock)

"E digo isto: que aquele que semeia pouco, pouco também ceifará; e aquele que semeia em abundância, em abundância ceifará." (2 Coríntios 9:6)

4. CONSTRUINDO E AMPLIANDO OPORTUNIDADES

Toda pessoa possui uma escala de valores, princípios e visões, que dá cor à sua vida e rege seu comportamento. Esses valores mudam de uma pessoa para outra, variando de acordo com a forma como ela foi criada por seus pais, com seus costumes, sua história, sua ascendência, o país onde nasceu, o meio onde viveu e cresceu. Você tem a sua própria escala de valores e, de acordo com ela, há características e traços de conduta, de caráter, que você admira em um ser humano, outras que você acha sem importância, e outras que você abomina ou despreza; **e entre aquelas que VOCÊ ADMIRA existem algumas que têm um PESO AINDA MAIOR que as demais.**

Todos os seres humanos, apesar de diferentes entre si, possuem algumas coisas em comum, e entre elas uma se destaca: **O DESEJO, A NECESSIDADE DE SE SENTIR IMPORTANTE.** *Mary Kay Ash* afirmou que *"Todas as pessoas carregam uma placa invisível no pescoço com os dizeres: 'Por favor, diga que sou importante para você'. Lembrar-se desse simples detalhe pode fazer muita diferença".* Olhe ao seu redor, busque na história humana, preste atenção nas pessoas e nos fatos e você verá a verdade contida nessa afirmação.

Praticar esta ferramenta é bastante simples: a) escolha uma pessoa, de preferência uma que não lhe tenha afeto ou que não lhe desperte afeto, pode ser "uma inimizade" ou uma pessoa que lhe é indiferente, neutra; b) comece a observá-la atentamente durante um certo tempo e descubra **uma, duas ou três características (traços)** que ela tem e que pertençam à sua escala de valores (da qual falei acima, neste texto); c) na primeira oportunidade, mencione isso a ela, diga isso à pessoa que você observou; fale honesta e abertamente sobre as razões pelas quais você admira aqueles tais traços. **Não aumente nada e não omita nada.** Você pode dizer isso a ela verbalmente ou por escrito (cartões, mensagens) entre outras. Se você optar pela forma VERBAL, pode fazer isso de modo "direto" (dito para a própria pessoa), "indireto" (dito para outra pessoa, mas na presença da pessoa que você deseja atingir), ou "transferido" (usando o veículo de comunicação mais poderoso do Universo: **UM FOFOQUEIRO**).

Quando você não gosta de uma pessoa, tende a enxergar nela apenas defeitos, imperfeições, coisas que deixam você irritado, coisas que você detesta. Mas todas as pessoas possuem traços admiráveis, bondosos, positivos; **depende apenas dos olhos que a enxergam**. Quando você para de agir como juiz e carrasco das pessoas, quando decide olhar para elas com olhos "neutros", despretensiosos, você começa a enxergar nelas outras coisas, coisas diferentes, coisas positivas. Salomão, o homem mais rico e mais sábio que já existiu, dizia que: ***"Na vida você só encontra aquilo que estiver procurando"***. Portanto, o que esta ferramenta propõe é que você comece a procurar motivos para admirar as pessoas.

As palavras de admiração, de reconhecimento e valorização são como o bálsamo que alivia dores físicas; elas nos aproximam das outras pessoas de modo maravilhoso. Além disso, ao AMPLIAR oportunidades para os outros, você o fará também por si mesmo. Faça isso, e prepare-se para as maravilhosas transformações que você presenciará.

"A morte e a vida estão no poder da língua; e aquele que a ama comerá do seu fruto." (Provérbios 18:21)

5. COERÊNCIA E CONFLUÊNCIA

Existem dois tipos de conflito: o produtivo (que é quando a divergência entre duas ou mais pessoas produz algo bom para ambas as partes), e o improdutivo (que é quando a divergência entre elas as afasta, as divide, e polariza ambas as partes). Entenda uma verdade: **a ÚNICA maneira de vencer um conflito improdutivo (popularmente conhecido como "bate-boca", briga, desavença, debate) é FUGIR dele**. Sempre que duas pessoas trocam palavras "acaloradas" sobre seus pontos de vista divergentes, não importa durante quanto tempo, só uma coisa acontece: cada uma das partes, no final da briga, conclui que a outra está errada e ela mesma está certa. Veja o caso que ocorre com muitos casais, por exemplo, ou entre vários pais e filhos. Eles concordam em muitas coisas, **mas geralmente gastam muito tempo brigando verbalmente por uma ou outra**

coisa em que divergem. Durante a briga, várias palavras impensadas são ditas (agressões, acusações, lembranças ruins, culpas passadas e supostamente perdoadas, defeitos alheios, falhas, fracassos), algumas nem mesmo são verdade; isso causa estragos imensos, cria abismos que se tornam intransponíveis, afasta os corações e prejudica o relacionamento, a confiança e causa feridas. Algumas dessas feridas nunca mais cicatrizarão. Por essa razão eu digo: não vale a pena brigar, especialmente com pessoas que amamos. Fuja disso!

Existem muitos tipos de conflito negativo e eles estão sempre ocorrendo conosco: clientes insatisfeitos que falam mal de sua empresa, alunos que discordam de seu método de ensino, cônjuges que criticam você, clientes que acham seu preço muito alto, empregados que acham você injusto, pessoas que acham você muito radical ou muito liberal, pessoas que discordam de sua forma de pensar, agir e criar seus filhos. Esta ferramenta, na realidade, divide-se em DOIS TIPOS distintos: a **COERÊNCIA** (que significa "congruência") e a **CONFLUÊNCIA** (que significa "concordância" e "convergência"). Na maioria das vezes você pode usar a primeira, e quando não puder, pelas razões que explicarei abaixo, deve usar a segunda. **Ambas foram criadas para serem usadas quando uma briga estiver ocorrendo, ou prestes a começar.**

COERÊNCIA (RECUO ESTRATÉGICO): sempre que você perceber que a "nuvem escura" de uma briga verbal está se formando, retire-se do cenário imediatamente, pois a tragédia está à porta. Diga para a outra pessoa que você prefere não brigar, e que aquela conversa não vai acrescentar nada positivo para nenhuma das partes. Protele, combine de vocês falarem sobre o assunto em outra oportunidade – mais tarde, no dia seguinte ou na semana seguinte. Use frases como: *"Está bem, então depois conversaremos sobre isso, ok?"* ou: *"Meu bem, eu não quero brigar com você, não vamos estragar nosso dia por causa disso... depois conversaremos sobre esse assunto, pode ser?"* ou ainda: *"Está certo, meu caro, voltaremos a falar sobre esse assunto em breve... estou sentindo que ambos estamos perdendo a calma, então é melhor mantermos o respeito que nos une"*. Sempre que ambas as partes ainda não perderam o controle emocional e uma delas utiliza esta ferramenta, o resultado é imediato e sempre positivo: **a briga termina antes de começar**.

CONFLUÊNCIA (AVANÇO ESTRATÉGICO): existirá ocasiões em que você não vai poder recuar, portanto use a CONFLUÊNCIA, porque a outra pessoa já está fora de si (ao chegar onde você está, ao telefonar para você, quando você telefona para ela ou quando você chega onde ela está). Pode ser que a pessoa esteja dizendo impropérios, ofendendo você, discordando de você e das suas ideias, apresentando-lhe queixas, objeções ou tentando lhe agredir verbalmente. Quando isso ocorrer, acalme-se, controle-se, coloque-se no lugar da outra pessoa (tente enxergar as coisas sob o ponto de vista dela), e use uma das **TRÊS ESTRATÉGIAS** demonstradas a seguir. Cada uma delas é para ser usada num tipo diferente de situação, e todas são potentes, **pois colocam você no controle da situação**, e FAVORAVELMENTE em relação à outra pessoa.

CONFLUÊNCIA PLENA: se, enquanto a pessoa estiver falando, você perceber que ela está com a razão (pois você pode ter cometido um erro sem perceber, e quando a pessoa fala você acaba percebendo; todos nós erramos, lembre-se disso), assuma a culpa, diga isso a ela: *"Você está COBERTO de razão"*. Diga a ela que ela está certa e pergunte-lhe o que você pode fazer para consertar ou resolver a situação. Ela se acalmará imediatamente, pois você terá retirado das mãos dela todas as "armas de ataque" que ela tinha. **Resumindo: chama-se "PLENA" porque você está errado e a outra pessoa está certa, então ao reconhecer isso com palavras você fica favorável a ela e ela a você.**

CONFLUÊNCIA DE IDEIAS: diga a ela: *"Compreendo perfeitamente sua forma de pensar"*, e acrescente: *"Se eu estivesse em seu lugar eu pensaria exatamente assim"*. Diga a ela: *"Você viu muito bem um lado da questão, parabéns! Posso mostrar-lhe um outro lado, igualmente importante?"*; ou então: *"Bem, Sr. Fulano, aposto que o senhor tem aí em suas mãos um orçamento com os mesmos produtos, a mesma qualidade, o mesmo prazo de entrega e as mesmas garantias, por um preço BEM MENOR que o meu, é isso mesmo?"*; ou ainda: *"Eu compreendo perfeitamente, Sr. Fulano, muitas pessoas ficam com essa mesma* *impressão. Se eu estivesse em seu lugar eu pensaria exatamente da mesma forma. Permita-me, por favor, discorrer sobre esse fato".* **Resumindo: chama-se "DE IDEIAS" porque você fica favorável às ideias da pessoa, com a forma como ela pensa, e ela faz o mesmo por você.**

CONFLUÊNCIA DE RAZÕES: quando uma pessoa estiver tão descontrolada e irada com você, que ela declare "portas fechadas" para sempre (*"Eu nunca mais comprarei em sua empresa."* / *"Eu nunca mais quero falar com você."* / *"Não me dirija nunca mais a palavra."* / *"Nunca mais me procure."* / *"Sua empresa é a pior do mundo."*), diga a ela que, para ela agir daquela forma agressiva e desrespeitosa naquele momento, deve existir uma razão, e por isso é natural que ela esteja se sentindo daquele modo. Afinal, você não concordará comigo se eu lhe disser que NINGUÉM AGE ASSIM SEM UMA RAZÃO MUITO FORTE? Você pode não saber que existe, ou não saber qual é ela, mas sempre existe uma razão para esse tipo de comportamento. Diga a ela algo como: *"Bem, para que uma pessoa educada e gentil como você aja assim, com tanta agressividade, deve haver uma* *razão muito forte... o que ocorreu? Pode me dizer, por favor?"*. Ou diga a ela: *"Ninguém age assim sem uma razão; algo deve ter ocorrido, alguém – ou até mesmo eu – deve ter feito algo muito sério para que você aja assim... o que aconteceu? Diga-me, por favor"*. Mesmo que a pessoa decida realmente manter as portas fechadas para você, o importante é que a situação será resolvida, ela não será sua inimiga. Não importa se ela ainda será ou não sua aliada, o que importa é que ela não ficará sendo uma oponente sua. **Resumindo: chama-se "DE RAZÕES" porque você fica favorável** às razões da pessoa, à forma como ela sente, **e ela faz o mesmo por você.**

Em todos os três casos, a paz será restaurada, suavizam-se os temperamentos e soluções positivas serão alavancadas. Novas oportunidades se tornarão possíveis a partir disso.

"Os lábios do tolo entram em contendas, e sua boca clama por açoites. A boca do tolo é a sua própria destruição, e os seus lábios um laço para a sua alma." (Provérbios 18:6-7)

"O irmão contrariado é mais difícil de conquistar do que uma cidade forte; e as oposições são como os ferrolhos de um palácio." (Provérbios 18:19)

6. A ARTE DE SER DIFERENTE – 2ª PARTE
(COMO DEIXAR MARCAS POSITIVAS NAS PESSOAS)

Já vimos na DINASTIA I que para obter melhores resultados na vida, você deve ser DIFERENTE da maioria, e que para isso uma das coisas a fazer é **falar menos e escutar mais.** Agora que você já entendeu isso, você pode ir ainda mais longe e passar da eficiência à EFICÁCIA. Sempre que estiver no meio de outras pessoas, especialmente entre pessoas com as quais você não convive muito ou que acabou de conhecer (em festas, encontros empresariais, rodadas de negócios, cursos), ou mesmo se estiver com um cliente seu, **além de falar menos que a outra pessoa, estimule-a a falar sobre ela mesma e sobre as coisas que são importantes para ela.** As pessoas sempre dão uma importância muito grande às próprias opiniões e aos acontecimentos que as rodeiam. Use isso, pois essa é uma ferramenta PODEROSÍSSIMA!

Descubra um assunto positivo, instrutivo e produtivo sobre o qual ela goste de falar (basta você prestar atenção no que faz os olhos dela brilharem, e voz dela se alterar pelo entusiasmo). Jamais escolha assuntos imbecis, tolos, improdutivos e inúteis como: doenças, acidentes, mortes, novelas, *reality shows*, vida de artistas, programas de televisão sem conteúdo. Eles são como venenos mortais. Existem alguns **assuntos produtivos** que milhares de pessoas gostam de abordar: filhos, carreira profissional, viagens, prêmios que a pessoa ganhou, ideias que apresentou, conquistas que teve durante a vida, uma empresa que ela abriu e obteve sucesso. Depois de ter descoberto e escolhido o assunto, use os pequenos segredos a seguir relacionados:

1. Faça perguntas pertinentes (mas sem deixar parecer um interrogatório);

2. Faça paráfrases – explique o que foi dito usando as suas palavras (sem ansiedade, com calma, para não parecer um relógio de repetição);

3. Faça pequenos elogios em apreciação a alguns fatos narrados por ela (usando sempre a sinceridade);

4. Explane pontos que lhe despertaram dúvidas (mostrando interesse e inteligência).

A pessoa prosseguirá falando, você aumentará seu aprendizado enquanto a ouve e uma atmosfera de amizade se formará entre vocês dois. **Entretanto, mais uma vez, é importante lembrar que você não deve se tornar refém das outras pessoas, obrigando-se a aceitar tudo o que elas fizerem ou disserem.** Portanto, atente para a seguinte orientação: se em alguma ocasião, ao usar esta ferramenta, o assunto que a pessoa abordar lhe causar incômodo, irritação ou for algo que não lhe desperte o menor interesse, **diga isso a ela de forma direta**, objetiva, educada, gentil e sincera, **sempre acrescentando um** *"sinto muito"*. Sugira outro assunto, ou peça que ela mesma sugira e se abra para ouvi-la novamente. A outra pessoa, além de não se ressentir com o seu gesto, permanecerá aberta ao convívio futuro com você, pois você terá deixado nela o que podemos chamar de MARCAS

EMOCIONAIS POSITIVAS E CONSTRUTIVAS. Lembre-se: se for educado e gentil, raramente a outra pessoa se ressentirá de sua sinceridade. As pessoas se ressentem por outros motivos: falar pelas costas, falsidade e dissimulação, por exemplo.

> "Se quiser ter inimigos, sobreponha-se aos seus amigos; se quiser ter amigos, deixe que os outros se sobreponham a você."
>
> (Dale Carnegie)

> "E, em muito de vossa fala, o pensamento é um pouco assassinado. Pois o pensamento é um pássaro do espaço, que, em uma gaiola de palavras, pode, em verdade, dobrar suas asas, mas não consegue voar."
>
> (Khalil Gibran)

7. O SEGREDO DO PESCADOR

Você acredita que as pessoas só fazem as coisas por dinheiro? Acredita que as equipes mais produtivas são aquelas que são melhor remuneradas? Que o ser humano só desempenha o seu melhor papel quando o prêmio em dinheiro é mais alto? Acredita que o dinheiro é a força que motiva as pessoas? Se for esse o seu caso, reveja e atualize seus conceitos para que seus resultados sejam melhores. Observe como um pescador age quando está pescando. Se ele estiver usando uma vara de pescar, sabe que se quiser apanhar peixes, terá que usar como isca algo que OS PEIXES gostam de comer. Ele não usa, por exemplo, sorvete, e sim minhocas. Portanto, se você quiser "pescar pessoas" e conseguir que elas façam o que você deseja, deve usar como chamariz O QUE ELAS GOSTAM.

Observe atentamente ao seu redor, nos raros lugares onde você encontrar as RARAS pessoas que são superprodutivas, excelentes e automotivadas. Exercite um pouco a sua memória e tente se lembrar de várias ocasiões em que você deu o melhor de si, no trabalho ou na vida pessoal, e pergunte a si mesmo quantas vezes isso ocorreu por dinheiro, apenas. Ao fazer isso você vai descobrir que há pessoas que trabalham entusiasticamente por horas a fio, por um salário bem menor do que você imagina. Vai encontrar outras pessoas que deixam empregos onde recebem altos salários, para dirigir a própria empresa, mesmo que para isso tenham que baixar temporariamente seu padrão de vida. Ou ainda, pessoas que trocam de emprego para receber um salário mensal menor.

Existe algo maior e mais forte que todo o dinheiro do mundo: O DESAFIO. Quando alguém é desafiado positivamente, ele sabe, no inconsciente, que é uma oportunidade para dar vazão ao que ele possui de melhor dentro de si: SEU POTENCIAL HUMANO, ILIMITADO E ÚNICO. Quando você desejar conseguir algo das outras pessoas, descubra maneiras de falar e agir que despertem um desafio positivo dentro delas, e elas farão o que for necessário, e pelo tempo necessário, sentindo-se satisfeitas. Crie e proponha desafios positivos para um jovem ou uma criança, e você se tornará um **CONSTRUTOR DE FUTUROS DOURADOS**. Desafie positivamente sua equipe de trabalho e observe com alegria enquanto sua empresa deixa seus concorrentes para trás, sem ter que vender seu produto por um preço menor. Desafie a si mesmo positivamente, e admire-se ao constatar a enormidade do **Potencial Humano Ilimitado que estava adormecido dentro de você**.

Os maiores líderes da história conheciam muito bem esse segredo esquecido, ignorado e menosprezado; eles o usavam com frequência e maestria, e por isso foram seguidos e respeitados por multidões. Além disso, tais homens realizaram OBRAS GRANDIOSAS, usando seres humanos medianos, e transformando-os em TRIUNFADORES durante o processo. Aprenda a falar usando palavras positivamente desafiadoras, conte histórias de homens e mulheres INCOMUNS para os seus filhos, para inspirá-los a serem iguais. Recorte histórias de empresários e empresas grandiosas e INCOMUNS e crie um espaço na sua empresa para colar isso, seja num painel ou num quadro. Faça com que seus empregados sintam vontade de ler, para que eles se inspirem e queiram fazer igual. Mostre e diga a eles que *"homens extraordinários são apenas homens que se cansaram de serem ordinários"*. Leia diariamente histórias de líderes grandiosos e extraordinários, para que suas ideias se abrilhantem, seu coração se expanda e sua mente se alargue. Salomão, o homem mais rico e mais sábio que já existiu, dizia: ***"Jamais se concentre em algo que não pertence ao seu Futuro"***. Crescimento é algo que ocorre de dentro para fora, mas é disparado e amparado de fora para dentro.

"E, olhando o filisteu, e vendo a Davi, o desprezou, porquanto era moço, ruivo, e de aspecto bonito. Disse, pois, Golias a Davi: Sou eu algum cão, para tu vires a mim com paus? Vem a mim, e darei a tua carne às aves do céu e às bestas do campo. E Davi pôs a mão no alforje, e tomou dali uma pedra e com a funda lhe atirou, e feriu o filisteu na testa, e a pedra se lhe encravou na testa, e caiu sobre o seu rosto em terra. Assim Davi prevaleceu contra Golias, com uma funda e com uma pedra, e feriu-o, e matou-o; sem que Davi tivesse uma espada na mão." (I Samuel 17:43, 44, 49, 50)

8. CULTIVANDO SEQUOIAS

De acordo com o dicionário, SEQUOIA é uma conífera da Califórnia que atinge 140 m de altura e pode viver mais de 2.000 anos (também conhecida como Wellingtonia nos EUA).

Todos os dias, no mundo inteiro, muito dinheiro é perdido, muitas uniões se dissolvem, muitas pessoas se suicidam, filhos se afastam dos pais, pais se voltam contra os filhos, irmãos se separam, sociedades e vidas se perdem para sempre, tudo isso pela mesma razão: **FALTA DE RECONHECIMENTO.** Se tomarmos como exemplo os casamentos, constataremos que mais de 60% deles terminam por excesso de crítica e falta de reconhecimento. Quando amamos uma pessoa e convivemos com ela, fica difícil imaginarmos o que é pior: se ela nos critica ou se não nos valoriza. **A frieza e indiferença, muitas vezes, são piores do que a reprovação.** Todas as pessoas possuem dentro de si, guardado com cuidado, o desejo de serem notadas, de receberem atenção e respeito. Leia novamente o que está escrito sobre isso no capítulo "OS ALICERCES DO TRATO COM PESSOAS".

Todas as vezes que você encontrar alguém que se destaque por alguma coisa, alguma atitude nobre ou que realize um trabalho bem feito, diga isso a ela. Mencione **o que** você gostou e **porquê**. Dê os parabéns a ela. Isso será como um tesouro para ela. Terá um valor incalculável. Muitas vezes você sai de um lugar reclamando do mau atendimento, da frieza das pessoas, do ambiente ou da comida ruim, de não ter estacionamento. Mas quando você é bem atendido, quando o local é ótimo, a comida é boa e as pessoas são simpáticas e atenciosas, você sai sem dizer nada. Vivemos numa época tão estranha e de tamanha insensatez, que quase ninguém nos diz nada quando acertamos, quando fazemos um trabalho excepcional. Mas sempre nos criticam e atacam quando erramos em algo, ou quando cometemos pequenos deslizes.

Todas as vezes que você repreender uma pessoa, apontando uma falha cometida por ela ou uma limitação que ela tem, observe-a depois, nos dias que se seguem e perceba se ela apresenta alguma melhora. Perceba se ela está usando as instruções dadas por você. Se você perceber que houve uma melhora, *CULTIVE UMA SEQUOIA*:

chame a pessoa em particular e diga a ela: *"Quero lhe dizer que estou muito satisfeito com a sua melhora. Parabéns! Eu sabia que você ia conseguir. Continue assim".* Se você constatar que ela ainda não melhorou significativamente, mas que ela está se esforçando muito e visivelmente (pois talvez a melhora ainda não tenha vindo por razões mais profundas, como um hábito antigo, ou questões hereditárias, por exemplo), CULTIVE UMA SEQUOIA: chame-a em particular e diga a ela: *"Quero que você saiba que estou muito satisfeito pelo esforço que você tem feito para melhorar. Parabéns! Eu sei que você vai conseguir, persista. Muitas vezes temos que nos esforçar e esperar, mas a vitória sempre vem para quem não desiste. Continue assim, e conte comigo se precisar de ajuda".* Quando uma pessoa sente que está sendo monitorada, vista e apoiada, sente-se valorizada. Isso sempre traz resultados positivos.

Durante sua caminhada na Terra você vai encontrar pessoas desesperadas, ansiosas, com medo de tudo, inseguras, que se sentem diminuídas, tristes, desalentadas e desanimadas. Você vai encontrar muitas pessoas que possuem um sonho, quem têm projetos e ideias, buscando que alguém as encoraje e incentive, que valide o que elas desejam e possuem em seu íntimo. Quando encontrar um desses tipos de pessoas descritos, *CULTIVE UMA SEQUOIA*: use palavras de ENCORAJAMENTO. Diga a elas palavras de incentivo, de vida, de ânimo. Diga a elas palavras de alento, de paz e de conforto. Fale com elas sobre esperança e sobre um futuro de paz, fale com elas sobre saúde. Encoraje-as sempre! Jamais permita que saiam de sua boca palavras que possam desencorajar alguém. O mundo está repleto de desencorajadores. Seja diferente!

Através de suas palavras, do seu ato de *CULTIVAR SEQUOIAS*, muitas pessoas melhorarão e muitas vidas serão transformadas. Devido às suas palavras, as pessoas lutarão com todas as forças para melhorar ainda mais. Esse tipo de ação produz nas pessoas o ÂNIMO (do latim *ANIMUS*: *alma, estado de espírito, força moral, coragem*) que é o COMBUSTÍVEL DO ESPÍRITO. Este, por sua vez, produz ALEGRIA, que permite à alma RESPIRAR ALIVIADA. Agindo assim, você planta pequeninas sementes e, anos depois, delas nascerão imensas e colossais SEQUOIAS.

"Quando encontrardes vosso amigo à beira da estrada ou no mercado, deixai que vosso espírito mova vossos lábios e dirija vossa língua. Deixai que a voz dentro da vossa voz fale ao seu ouvido; pois sua alma guardará a verdade do vosso coração como o gosto do vinho é lembrado, quando a cor for esquecida e o cálice tiver desaparecido."

(Khalil Gibran)

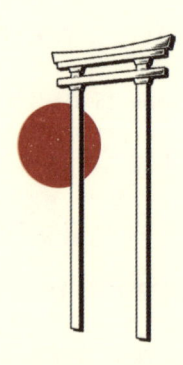

"Se queres que impere a paz no mundo deves ter paz em teu lar. E para que a paz reine em teu lar, deves vivê-la em teu coração."

(Provérbio Chinês)

9. ECO EMOCIONAL – 2ª PARTE (INFLUÊNCIA TRANSFORMADORA)

Existem situações em que você, como líder ou responsável por outras pessoas, deve dar ordens a elas e certificar-se de que tais ordens sejam cumpridas. E haverá ocasiões em que essas ordens virão de cima, de escalões mais altos, de pessoas não tão preparadas para lidar com gente, ou serão necessidades impostas pela própria situação, pelo próprio contexto. Quando você estiver diante de uma situação assim, é muito importante se lembrar de um fato inquestionável da natureza humana: **NINGUÉM GOSTA DE RECEBER ORDENS**. A este ponto, você já deve ter entendido a suprema importância que têm as palavras e, principalmente, a forma como você as usa, então, pode imaginar como isso é ainda mais importante quando se trata de dar ordens. Quando você dá uma ordem a alguém, ou diz algo de uma forma que a pessoa entende como uma ordem, ela tende a se ressentir imediatamente; algo dentro dela luta contra a ordem dada e contra você. Mesmo que ela reconheça que o que foi ordenado é necessário e cabível, no nível inconsciente ela tende a se rebelar. Ela pode até lhe atender, mas ficará antipática à sua pessoa e passará a enxergar você com reservas, distanciando-se cada vez mais, alargando o abismo que se criou e dificultando os seus próximos acessos a ela.

Na próxima vez em que você tiver que dar uma ordem para alguém, experimente usar esta ferramenta, transformando a ordem numa PERGUNTA. Existem duas formas de fazer isso:

PERGUNTA EM CURVA: é quando existe espaço para mais de uma opção no cumprimento do que será requerido da pessoa. Em casos assim você pode até deixar que ela participe da decisão (de como a ordem será cumprida). Por exemplo: uma sala da sua empresa **deve ser completamente esvaziada** para que outras coisas sejam colocadas lá dentro. As coisas retiradas podem ser colocadas numa sala no andar de cima ou no mesmo andar, pois em ambos existem locais vazios. Ou então, ainda no mesmo exemplo, a retirada das coisas **tem que ser feita dentro de um prazo específico**, mas pode-se optar por vários dias dentro desse prazo. Nesse caso você pode dizer: *"Esta sala precisa ser liberada até o dia X.*

Você(s) acha(m) melhor fazer(mos) isso hoje ou amanhã?". Ou ainda: *"Devemos esvaziar esta sala até amanhã cedo para que os novos móveis possam ser montados. Você(s) acha(m) melhor colocarmos as peças que serão retiradas no andar de cima ou aqui neste mesmo andar?".* Quando as pessoas participam da decisão, elas sentem que estão fazendo algo **que elas mesmas decidiram** e, portanto, se dedicam de forma mais positiva.

PERGUNTA LINEAR: é quando a ordem tem que ser cumprida de uma forma específica, não havendo espaço para outras opções, e sem possibilidade de haver uma escolha "democrática". Casos assim são muito comuns e ocorrem nem sempre por mero capricho da chefia, mas por razões maiores. Nesse tipo de situação a pergunta deve ser feita **de forma branda, mas firme, e imediatamente seguida de ação correspondente** no sentido do cumprimento imediato. Você pode dizer: *"Os móveis novos chegam amanhã ao meio dia, e precisamos esvaziar esta sala antes desse horário, colocando estas peças retiradas no andar de cima, na sala à direita do elevador. Para que isso seja possível devemos começar agora, vocês* *podem me ajudar?"*. Em seguida faça um movimento e pegue a primeira peça, movendo-a. **Pronto, a ação foi iniciada, a ordem foi dada e ninguém percebeu diretamente**. Quando a pessoa não percebe o tom de ordem ela se sente movida a cumprir o que foi ordenado, e o faz de forma mais positiva.

Em ambos os casos citados, pode ocorrer de uma pessoa (ou um empregado) recusar-se a fazer o que foi ordenado. Nesse caso a minha sugestão é a seguinte: a) concorde e diga à pessoa que ela está livre do cumprimento daquilo, comande os demais e deixe-a de lado; b) no dia seguinte, ou no mesmo dia, mais tarde, **chame a pessoa e puna-a (ou demita-a).** Simples assim. A rebelião jamais deve ser tolerada. A rebelião é como um câncer, se não for extirpada, se alastra.

Seja uma pessoa eficaz no trato com seus subordinados, liderados, filhos e outras pessoas. E se você for um líder, seja **CAPAZ**, não capataz!

"O falar amável é árvore de vida, mas o falar inadequado esmaga o espírito." (Provérbios 15:4)

> 純真無垢で歩むべし
>
> **Jyunshinmuku de ayumu beshi.**
> **Eu manterei meu coração genuíno e confiável.**

Eu **sorrirei mais** para as pessoas – ao chegar e ao sair.

Sempre usarei um **tom de voz ameno** e agradável.

Separarei um tempo todos os dias
e me interessarei pelas pessoas.

Procurarei **traços positivos** nos meus desafetos.

Eu fugirei de todas as brigas verbais,
antes que elas comecem.

Sempre serei **favorável às outras pessoas**.

Estimularei as pessoas **a falarem sobre elas mesmas**.

Sempre usarei **palavras desafiadoras**
para estimular pessoas.

Sempre **reforçarei a melhora** das pessoas.

Sempre transformarei **ordens em perguntas**.

Eu somente usarei **palavras de encorajamento**.

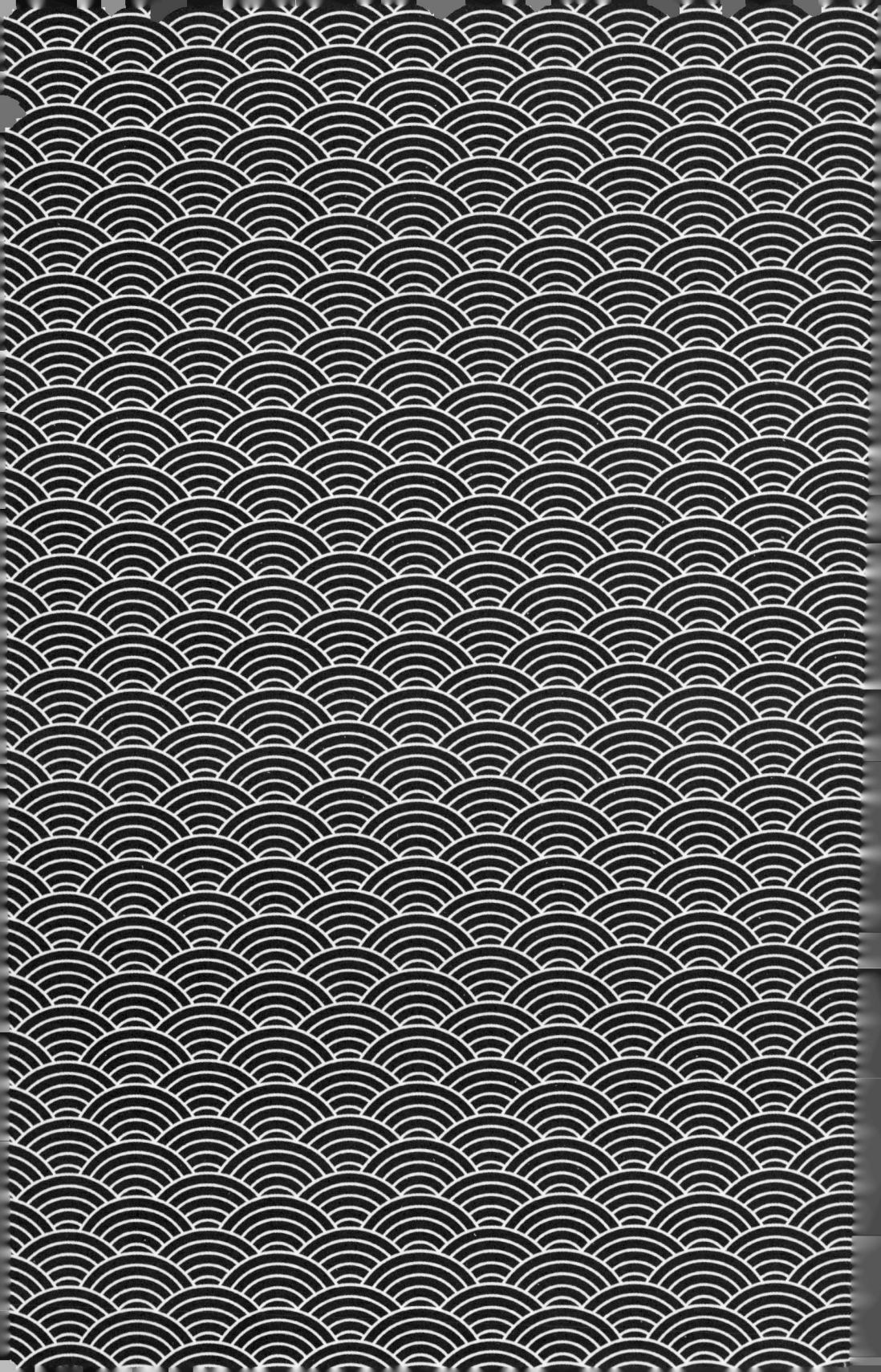

美

Dinastia III – BI (Beleza)

Fortaleça o "Guerreiro Interior"

Neste capítulo estão demonstradas SETE FERRAMENTAS PARA REPREENDER PESSOAS QUANDO COMETEM ERROS, sem que elas fiquem com raiva de você, conseguindo uma mudança real no comportamento negativo que elas manifestaram ou manifestam. Agora que você já reencontrou seu **GUERREIRO**, e passou a aprender com ele, pode aprender grandes lições de estratégia e paciência, colocando-as em prática na sua própria experiência diária. Seja bem-vindo (a) ao grupo dos líderes Grandiosos!

"As pessoas não se importam com quanto você sabe, até saberem o quanto você se importa com as pessoas."

(John Maxwell)

1- ECO EMOCIONAL – 3ª PARTE
(COMO FALAR DOS ERROS ALHEIOS)

Agora que você já conhece as implicações que nossas palavras têm e a importância do nosso tom de voz, imagine o cuidado que você deve ter quando for repreender alguém. Quando você for obrigado a fazer isso, use um tom de voz ameno, aja de forma serena e escolha as palavras com muito cuidado. O grande segredo para usar esta ferramenta é jamais falar quando ou enquanto estiver nervoso, ou no exato momento em que o erro ocorrer. Quando você está sob o poder de suas emoções tem uma tendência a usar palavras das quais se arrependerá depois, e além de não alcançar seu intento, pode complicar ainda mais a sua situação, aumentando os estragos já feitos pelo erro cometido pela outra pessoa. Portanto, enquanto você perceber que a "fagulha emocional" negativa não se apagou dentro de você, **permaneça em silêncio sobre o fato**. Aguarde o "esfriamento mental", que produz a lucidez necessária.

Quando chegar a hora de você falar, use um tom de voz ameno, comedido, cuidadoso. Você pode ser firme sem ser duro; pode ser severo sem ser ríspido, ser incisivo sem ser áspero e mal-educado. Fale objetivamente, firmemente, e ao mesmo tempo doce e educadamente. **Jamais abra mão da delicadeza e da diplomacia**. Quando se tratar de um empregado seu, pode ocorrer – numa ou outra situação – de você ter que demitir a pessoa ou aplicar-lhe sanções legais (suspensão, advertência escrita, multa), mas mesmo assim você pode fazer tudo isso sem abrir mão da educação e do bom senso. Use o Respeito em tudo o que você fizer. Respeito pelos outros, respeito por você mesmo, respeito pelos sentimentos alheios. Fazendo isso você jamais se arrependerá, pois além de não abrir feridas que dificilmente poderão ser curadas, e não criar inimigos que dificultarão a sua vida, seus resultados serão amplos e positivos.

Faça um exercício de pura lógica: procure se lembrar de alguma vez, em seu passado, que você cometeu um erro. Você já se sentia mal por ter errado, e sabia que merecia uma repreensão. Mas se a pessoa que o repreendeu foi ríspida, e ao invés de calma, usou o nervosismo, você, então, se sentiu injustiçado e achou que o castigo foi desproporcional ao delito cometido. Há uma **REGRA DE OURO** nas relações humanas: *aja com as outras pessoas da mesma forma como você gosta que elas ajam com você*. Você gosta de ser tratado com respeito? As outras pessoas também. Você gosta de ser ouvido antes de ser julgado? As outras pessoas também. Você detesta quando gritam com você e lhe tratam com rispidez? As outras pessoas também. Você fica com raiva de uma pessoa que lhe trata mal? Entenda: as outras pessoas também. Listei a seguir alguns exemplos práticos, para tentar ajudar na compreensão da importância dessa ferramenta.

EXEMPLO 1: imagine uma pessoa que trabalha como motorista numa loja de materiais de construção. Essa pessoa opera um equipamento – um bem móvel – que vale centenas ou dezenas de milhares de reais. O líder dela, logo pela manhã, a repreende por um erro cometido, mas faz isso de forma ríspida, áspera, alterando o tom de voz e falando na presença de outras pessoas. Imagine como tal pessoa se sente após isso. Agora imagine como essa pessoa vai dirigir esse caminhão o dia todo; imagine o cuidado que ela vai tomar com o veículo, enquanto se ressente do que o líder fez. Perguntas importantes: não teria sido mais inteligente, da parte do líder, ter falado de forma mais branda, e repreender a pessoa longe das demais? Não teria sido mais coerente fazer a repreensão no final do expediente, pouco antes da pessoa ir embora? Assim ela poderia ter a noite toda para que sua raiva ou tristeza se dissipasse.

EXEMPLO 2: imagine uma pessoa que trabalha em vendas, atendendo clientes o dia todo. Essa pessoa tem nas mãos o bem mais precioso (e perigoso) da empresa – o cliente. O gerente dessa pessoa, por volta do meio-dia, faz uma repreensão por uma falha de conduta cometida por ela, e o faz de modo brusco, sem o devido cuidado. Imagine como essa pessoa vai fazer os atendimentos no restante do dia. Imagine o tom de voz que ela usará com os clientes, a expressão de desagrado, a eventual má vontade que será notada por cada cliente.

Se você quer que os seus clientes sejam tratados com educação e simpatia, trate seus vendedores e atendentes com educação e simpatia. Se você quer que seus veículos durem por muito tempo, trate seus motoristas e outros empregados com educação e respeito. A forma que você usa para tratar com eles define a forma que eles tratarão seus equipamentos e seus clientes.

"Quando os caminhos de um homem agradam ao Senhor, faz que até os seus inimigos tenham paz com ele." (Provérbios 16:7)

2. UMA ESTRATÉGIA BRILHANTE

Ao observarmos um lavrador iniciando o trabalho do plantio, percebemos que, antes de colocar as sementes, ele ara o solo e o remexe, preparando-o para o que vai ser feito. Depois disso, durante um longo tempo ele molha o solo, cuida das plantas em tenro estado e estimula seu crescimento para que os frutos possam brotar. O lavrador sabe que a preparação bem-feita é vital para a qualidade da colheita e que a ausência de preparação causa estragos e prejuízos. Ele conhece o Princípio Universal cujo texto revela: ***A qualidade do solo determina*** *o Futuro da semente*. Lidar com pessoas requer o mesmo cuidado, preparo e dedicação. Sempre que você for repreender alguém por um erro de execução ou uma falha de comportamento, use esta ferramenta e proceda da seguinte forma:

a) Pegue uma folha de papel em branco e escreva o nome da pessoa no cabeçalho;

b) Faça um traço horizontal logo abaixo do nome da pessoa, e mais um traço, uns cinco centímetros abaixo do primeiro;

c) Divida a folha verticalmente em duas metades iguais, traçando uma linha no centro dela a partir do segundo traço horizontal e descendo até o final da folha;

d) No topo da coluna à sua esquerda escreva *"Pontos Fortes"*, e no topo da coluna direita escreva *"Limitações"*;

e) No espaço em branco criado na primeira coluna, escreva todas as características positivas daquela pessoa, que formam seus pontos fortes. Descreva em detalhes plenos e claros, mas sem exageros ou omissões;

f) No espaço da segunda coluna, desenhe um ponto de interrogação tão grande quanto o espaço permitir, como modelo a seguir;

Nome da Pessoa	
Pontos Fortes	**Limitações**
1. 2.	?

g) Chame a pessoa para uma conversa particular e, deixando a folha bem à mostra sobre a mesa, comece a conversa enumerando e descrevendo tudo o que você escreveu na coluna *"Pontos Fortes"*;

h) Pergunte-lhe se ela entendeu tudo, fale sobre o(s) erro(s) que ela cometeu ou está cometendo, explique como isso está afetando você e/ou a empresa, e finalize com uma ou várias **perguntas provocativas**, conforme o caso em questão, e conforme a situação exigir. Cada caso é diferente dos demais, por isso, sugerimos que você use um dos exemplos citados a seguir:

🪷 **Por que alguém com tantos pontos fortes corre o risco de perder o emprego por algo tão pequeno e fácil de mudar como isso?**

🪷 **Como pode uma pessoa que é boa em tantas coisas, errar em algo tão básico?**

🪷 **Existe alguma chance de você corrigir esse ponto em que está falhando, ou devo aplicar-lhe uma punição (ou demissão)?**

🪷 **Você acha possível deixar de cometer essa falha, ou posso considerar que devo trocar você por outra pessoa?**

🪷 **O que eu posso fazer além do que já faço, para que essa sua falha não mais ocorra?**

🪷 **De que forma nós dois podemos encarar essa sua falha: algo que não mais ocorrerá, ou algo que vai se repetir até que eu tome medidas drásticas?**

🪷 **Como podemos evitar juntos que essa situação fique pior do que já está?**

É muito mais fácil uma pessoa ouvir alguém falar sobre os erros que ela cometeu, depois de ouvir esse alguém falar sobre suas "qualidades". Dessa forma, a pessoa não ficará com raiva de você, lhe ouvirá até o fim e, o que é melhor, tenderá a mudar de atitude e corrigir o comportamento negativo mencionado na conversa.

> "Pessoas fortes cometem tantos erros quanto as fracas; a única diferença é que as fortes admitem, riem deles e aprendem com eles. E é assim que elas se tornam ainda mais fortes."
>
> (RICHARD NEEDHAM)

3. USE O PASSADO PARA CRIAR O FUTURO

Todas as vezes em que você tiver que repreender uma pessoa, seja corrigindo um erro que ela cometeu, seja abordando um hábito limitante que ela possui, haverá uma enorme tendência de que ela fique contra você, rebele-se e decida se fechar para o que você deseja dizer-lhe. Além disso, ela tende a achar que você está se colocando "acima dela", mostrando-se superior. Muitas vezes, a ferida causada pelo procedimento brusco é tão profunda que a pessoa jamais esquece o episódio e passa muito tempo nutrindo antipatia por você. Para evitar que isso ocorra, e produzir resultados positivos, mantendo a harmonia nos ambientes, use esta ferramenta. Existem dois modos de você fazer isso:

MODO LINEAR: verifique o seu passado, volte no tempo, e procure se lembrar se você também, algum dia, teve aquela mesma limitação ou se cometeu o mesmo tipo de erro que vai tratar com a pessoa. Se constatar que sim, chame a pessoa em particular e comece a conversa mencionando esse fato do seu passado. Conte sua história, esclarecendo seu erro e mostre como você conseguiu mudar. Talvez possa mencionar a pessoa que lhe repreendeu na época, e lhe ajudou a enxergar que você estava errando. Ou talvez você tenha resolvido mudar depois de perceber que causou muitos problemas para si mesmo com aquele erro ou falha. Seja qual for o seu caso, conte tudo.

MODO CURVO: se você nunca falhou naquele determinado ponto em questão, busque no seu passado outro erro ou falha de comportamento qualquer que você um dia teve, e a seguir descreva tudo da mesma forma explicada anteriormente. Use exatamente o mesmo processo.

Logo depois – seja qual for o **MODO** que você tenha escolhido –, mencione o erro que a pessoa está cometendo, as repercussões e as consequências daquilo. Pergunte a ela se é possível que ela mude, se ela percebe o quanto aquilo a está prejudicando e pode prejudicar ainda mais. Esclareça o que pode ocorrer se não houver mudanças – talvez até mesmo demissão ou punições diversas –, no caso de empregados e subordinados. Se você preferir, pode usar um dos tipos de perguntas descritos na ferramenta anterior (UMA ESTRATÉGIA BRILHANTE);

eles servem para quase todas as ocasiões e ferramentas descritas neste capítulo. Deixe bem claro, com suas palavras e com sua atitude, que você está disposto **a fazer o que for preciso, mesmo que aquilo não lhe agrade**. Faça a pessoa enxergar que ela deve decidir, pois essa decisão só pode partir dela.

Quando você usa palavras que deixam claro a sua "imperfeição", percebe logo como a outra pessoa muda sua forma de agir e pensar em relação a você. Esta é uma das maiores ferramentas de transformação de comportamentos que existe! Use-a e comprove!

> "...seja como a água. Esvazie sua mente. Seja sem forma como a água. Você coloca água em uma caneca, ela se torna a caneca. Você coloca água em uma garrafa, ela se torna a garrafa... a água pode fluir ou pode estraçalhar! Seja água, meu amigo."
>
> (BRUCE LEE)

4. O COLOSSO ESPIRITUAL

Vivemos em um mundo no qual a maioria das pessoas se deleita em revelar os erros das outras após descobri-los, e sentem-se bem ao publicá-los e imortalizá-los, de forma que jamais o mundo irá se esquecer deles. É como se houvesse uma "fábrica inconsciente" de infelicidade atuando através de tais pessoas para que elas tentem diminuir os demais, sempre, e fazê-los cada vez mais infelizes. Seja diferente!

Existem muitas coisas que todas as pessoas têm em comum, independentemente do quanto sejam diferentes entre si. Uma delas é o fato de que, quando cometem um erro, seja por displicência, desatenção ou ignorância, e esse erro traz prejuízos morais ou financeiros para ela e para outras pessoas, sentem-se mal ao tomar conhecimento de seu erro, e passam a desejar que o tempo voltasse, para que elas jamais tivessem feito aquilo. Sentem-se pequenas, frágeis, imperfeitas, infelizes. Sentem-se diminuídas, têm vontade de sumir, acham-se ridículas. Isso fica ainda mais fácil de perceber se a pessoa em questão tiver problemas de AUTOESTIMA.

As pessoas que têm esse problema, esse traço, sentem-se fracas sempre, e mais ainda diante de um prejuízo causado por um erro delas.

Quando uma pessoa cometer um erro grave – um filho seu, um empregado, um fornecedor, um irmão de igreja, um colega de trabalho –, que cause prejuízos a você, lembre-se de usar esta ferramenta. Se você constatar que o erro não ocorreu por maldade, por vingança, por ela ter uma índole ruim ou um caráter duvidoso, por descaso ou por falta de comprometimento, use esta ferramenta. Se não foi por nenhum desses motivos que narrei, o erro pode ter ocorrido por desatenção, por ignorância, por descuido involuntário ou por aquilo que costumamos chamar de "minutos de bobeira".

Usar esta ferramenta é muito simples: jamais trate a pessoa que errou com soberba, jamais se faça maior que ela, não faça dramas, aumentando o tamanho do erro ou do prejuízo causado. Faça o contrário, use palavras amenas e faça o erro parecer menor do que é, tanto quanto você puder. Cada homem, na vida, ceifa sua própria colheita, portanto, não cabe a outros homens o julgamento.

Nada que você fizer pode reverter o tempo e evitar um erro que já aconteceu. Nada pode fazer voltar o tempo e você deixar de ter o prejuízo que já teve. O passado não pode ser desmanchado, mas o Futuro pode ser alterado. Já que você não pode desfazer o prejuízo, cuide para não perder a pessoa (se ela for importante para você). Já que você não pode desfazer o erro, desfaça a nuvem de derrota que se formou dentro da pessoa. Recupere a pessoa. Ninguém sai de casa e vai para o trabalho com a intenção de cometer erros. É difícil imaginar um pai ou mãe de família que sai de casa de manhã, beija os filhos e diz: *"Até logo, filho, papai vai trabalhar agora e cometer muitos erros, causar prejuízos e perdas, mas logo volto para casa para ficar com você."* **As pessoas não erram porque desejam errar.** Elas erram por muitos motivos, mas o principal deles é que elas são IMPERFEITAS, como eu e você. Aliás, se elas fossem perfeitas não conseguiriam suportar você. Quando você estiver diante de um caso assim, lembre-se disso.

Converse com ela e, juntos, descubram como vocês podem transformar a desvantagem em **DEZ VANTAGENS,** pois, geralmente esse tipo de situação produz ótimas ideias. Diga a ela que ela pode escolher: **transformar aquele erro num PROFESSOR ou num coveiro**. Diga a ela: *"Você cometeu um erro, mas você NÃO É um erro. Eu sei que você não vai mais errar nisso"*. Se você fizer isso, a outra pessoa tende a admirar você, sentir-se grata, aproximar-se, e se você for o seu líder, ela tenderá a segui-lo, ser leal a você – o que é mais importante. Muitos destinos foram transformados ao longo da história humana com esta ferramenta grandiosa. Os grandes homens e mulheres a conheciam e a utilizavam sempre, por isso a história os registra como *"Grandes homens e mulheres"*. Permita que o seu espírito cresça, floresça e se torne um **COLOSSO**. Neste mundo repleto de "amebas e vermes espirituais" você se destacará, tenha plena certeza disso!

"O tolo me diz suas razões, o sábio me convence com minhas próprias razões."

(ARISTÓTELES)

5. CORRIJA OS ERROS E ENSINE A ERRAR

Ao lidar com pessoas, especialmente se você é líder, pai, mãe, professor, instrutor ou coordenador de um grupo, você vai se deparar com pessoas que têm mais dificuldade que as demais, de MUDAR, de crescer. Mesmo sendo repreendidas e advertidas, elas prosseguem no erro. Isso pode ocorrer por várias razões: insegurança, memória fraca (causada pelo pouco uso do cérebro na rotina diária), hesitação, desatenção, má vontade, falta de interesse, preguiça mental (causada por horas em frente à televisão vendo novelas, por assistir programas idiotas e ler revistas tolas e fúteis), falta de seriedade, baixa autoestima e outros. Quando você encontrar alguém assim, use esta ferramenta e obterá ótimos resultados. Siga os passos a seguir:

a) analise o comportamento e o caráter da pessoa em primeiro lugar. Isso é o mais importante, pois em se tratando de personalidade, jeito de ser e hábitos, é possível você ajudar a pessoa a mudar, desde que ela queira e desde que você use as ferramentas certas. **Mas o caráter de**

alguém é impossível você conseguir mudar, pois SOMENTE A PESSOA poderá fazê-lo.

b) se ela errou várias vezes por razões como má vontade, falta de interesse, falta de seriedade e compromisso ou outra coisa do gênero, aplique uma punição severa e definitiva, do tipo que sirva como limite decisivo. Esclareça que se trata de sua última chance. Se mesmo assim ela não mudar, demita-a, se ela for um liderado, subordinado ou empregado; decline da responsabilidade sobre ela, se ela for um aluno ou membro de sua equipe de coordenação; corte os vínculos financeiros ou geográficos, se ela for um filho ou filha.

c) se ela errou várias vezes por razões como: insegurança, hesitação, medo, preguiça mental, autoestima baixa ou memória fraca, converse com ela e faça algumas perguntas, como: *"Qual parte da nossa conversa anterior você não entendeu?"*; *"Qual a parte que maior dificuldade lhe causa na execução da minha ordem?"*; *"Por quais motivos você continua errando, já que recebeu as orientações corretas, e mais de uma vez?"*; *"Como você acha que podemos resolver isso juntos?"*; *"O que posso fazer para que você não erre mais nisso?"* – esses são alguns exemplos de perguntas para este tipo de caso.

d) escreva DETALHADAMENTE o que deseja que a pessoa faça, ou escreva DETALHADAMENTE os cuidados que ela deve tomar e as checagens que ela deve fazer para que não erre mais naquilo.

e) mesmo depois de escrever tudo e entregar a ela, certifique-se – semanal ou quinzenalmente – **que ela está lendo o que foi escrito e seguindo os passos determinados**. Mantenha sempre uma parte do seu foco nisso. Lidar com pessoas exige esforço, dedicação e, acima de tudo, SABEDORIA.

Lembre-se do que você já leu no capítulo OS ALICERCES DO TRATO COM PESSOAS deste livro: os seres humanos têm **DUAS GRANDES HABILIDADES** que você jamais deve menosprezar: **ESQUECER** o que você disse, e **CONFUNDIR** o que você disse. Leve sempre isso em consideração, para que seu caminho seja mais suave e seus resultados sejam melhores. Jamais permita que os "esquecimentos" ou as "confusões" deixem você irritado, jamais ache que isso só ocorre com os "seus" subordinados ou filhos, pois não é verdade. Todas as pessoas são assim, o que muda é apenas a frequência e a profundidade. **Ensine-as que errar é bom, pois significa crescimento.** Só erra quem faz coisas novas e tenta novos meios. Só erra quem cria, quem inova, quem ousa. Se um empregado seu não erra há tempos, significa que ele está estagnado, morto, conformado, estático, e esse é o pior tipo de gente que você pode ter à sua volta. Ensine-as a ERRAR MAIS, ERRAR SEMPRE, ERRAR CADA VEZ MELHOR, mas sempre um SEGUNDO ERRO, e não O MESMO ERRO.

"Aquele que não sabe,
mas não sabe que não
sabe, é um tolo; evite-o.

Aquele que não sabe,
e sabe que não sabe,
é um ingênuo; ensine-o.

Aquele que sabe,
mas não sabe que sabe,
está dormindo; desperte-o.

Aquele que sabe,
e sabe que sabe, é sábio;
ouça-o e siga-o."

(BRUCE LEE)

6. REJEITE O COMPORTAMENTO, NÃO A PESSOA

Muitos pais, mães, professores e líderes erram nesse ponto crucial, pois após punirem uma pessoa quando ela comete um erro, passam a tratá-la de forma diferente, mais áspera e distante, ou ficam durante um tempo sem querer conversar com a pessoa. Fazem isso porque acham que se a tratarem de forma mansa. elas confundirão tudo e não mudarão para melhor; temem perder a autoridade, pois confundem RESPEITO com MEDO e acham que a outra pessoa fará o mesmo.

Ao lidar com seus filhos, quando eles errarem, puna o comportamento errado após explicar-lhes a questão e os motivos, depois continue a tratá-los de forma branda e amável, como devemos tratar as pessoas que amamos. Mostre que você os ama, mesmo que eles errem de vez em quando. Não permita um minuto de afastamento por coisas tão pequenas e sem importância, pois a vida é incerta e podemos perder as pessoas que amamos de um momento para outro. Você pode escolher se deseja ter no futuro apenas dor e saudades, ou se deseja sofrer com remorso. Ao lidar com subordinados e alunos faça o mesmo e sempre mantenha a cordialidade e gentileza no trato diário, isso é fundamental. Se a pessoa repreendida for um empregado seu, e ela "misturar as coisas" e atravessar o "sinal vermelho" por você ter agido assim, da forma como ensina esta ferramenta, explique claramente a ela essa questão e terá resolvido tudo. Seja firme, não duro. Seja severo, não ríspido. Seja enfático, não agressivo. A dureza fica bem em metais e madeiras; nos seres humanos fica melhor a FIRMEZA, que contém FLEXIBILIDADE e DOÇURA. E se você perceber que não consegue mais tratar a pessoa com brandura, porque já houve muito desgaste ou não existe mais respeito entre as partes, demita-a imediatamente, para que ambos possam ser felizes, cada um em seu próprio meio.

Faça isso e você verá como seus resultados melhorarão. Mantenha os laços de amor e carinho, seja um líder, professor, pai ou mãe dedicado, que consegue mudanças baseadas na temperança e não na desesperança. As pessoas tendem a se tornar o que você projeta nelas; nem mais, nem menos.

"Aquele que pretende ser um líder tem que ser uma ponte."

(Provérbio Galês)

"Comece fazendo o que é necessário, depois o que é possível, e de repente você estará fazendo o impossível."

(São Francisco de Assis)

7. ENXERGUE O ERRO COM "LENTES NOVAS"

Quando você estiver lidando com os erros das outras pessoas, sejam elas seus filhos, empregados ou outros que estejam sob a sua supervisão, lembre-se de, antes de fazer ou dizer qualquer coisa, *"trocar as lentes que ficam sobre os seus olhos"* e enxergar a questão por outra perspectiva: **a da pessoa que errou**. Use a empatia, colocando-se no lugar da outra pessoa. Pergunte-se: *"Se eu fosse essa pessoa, como alguém deveria me repreender para que aceitasse, e resolvesse mudar para melhor?"*. Como disse muito bem Zig Ziglar, um dos grandes oradores da modernidade: *"Você pode conseguir tudo o que quiser na vida, desde que ajude muitas pessoas a conseguirem o que elas querem"*. Quando você toca as pessoas em seus pontos de maior sensibilidade, elas se dispõem a pagar o preço que você estipula. No livro *Como ser um grande vendedor*, Tom Hopkins afirma: *"Sua perspectiva determina suas ações e reações"*.

As **pessoas comuns**, diante de situações em que estão lidando com os erros dos outros, adotam uma postura prepotente, egoísta e parcial, e pensam da seguinte forma:

1. Quando o outro leva muito tempo para fazer algo, **ele é lento**. Quando levo muito tempo, **sou excelente**.

2. Quando o outro não faz algo, **é preguiçoso**. Quando eu não faço, estava **cuidando de outras coisas mais importantes**.

3. Quando o outro faz algo que ninguém pediu, **foi inconveniente**. Quando faço o que ninguém me pediu, é porque **eu tenho iniciativa**.

4. Quando o outro quebra uma regra de etiqueta, **merece castigo**. Quando eu esqueço as mesmas regras, **fui original e ousado**.

5. Quando o outro agrada o superior, **é uma pessoa falsa**. Quando eu agrado o chefe, **sou esforçado**.

6. Quando o outro progride na carreira e na empresa, **foi oportunista**. Quando eu progrido, **fui recompensado pelo ótimo trabalho que fiz**.

Sempre que você desejar conduzir uma pessoa, lembre-se que antes você deve aprender a acompanhá-la, pois uma vez estando no terreno dela, será possível levá-la ao seu terreno. A habilidade da empatia levará você mais longe do que o seu gênio, os seus diplomas ou a sua inteligência. A habilidade de tratar bem as pessoas e ser justo com elas, principalmente quando elas estão "por baixo", fará com que você tenha mais amigos, do que seu poder, sua posição ou seus conhecimentos. A capacidade de manter a calma com as pessoas, mesmo em meio às piores situações, lhe dará um número maior de admiradores, parceiros e amigos do que sua simpatia e seu dinheiro. A habilidade de controlar sua raiva, sua mágoa e sua censura verbal, lhe abrirá mais portas do que todos os seus conhecimentos e amizades. Lembre-se: ninguém consegue nada sozinho, todos precisam de alguém. Você pode ter poder, mas as pessoas também têm.

"Um líder é bom quando as pessoas mal conseguem perceber que ele existe; não tão bom quando as pessoas o obedecem e aclamam; pior quando o desprezam. Mas a respeito do ótimo líder, que fala pouco quando termina seu trabalho e o objetivo é atingido, elas dizem: 'Fomos nós que fizemos'."

(Lao Tsé)

> 忠誠を敬うべし
>
> **Chūsei wo uyamau beshi.**
> **Eu valorizo a lealdade como uma qualidade nobre.**

*Eu usarei um **tom de voz ameno** ao repreender as pessoas.*

*Sempre **destacarei os pontos fortes** das pessoas.*

Só falarei dos erros de alguém
depois de mencionar os acertos.

***Usarei o passado** para construir o futuro desejado.*

*Jamais **diminuirei ou envergonharei** as pessoas.*

*Corrigirei os erros, mas também **ensinarei a errar**.*

***Rejeitarei os comportamentos** errados,*
mas aceitarei as pessoas.

*Nunca deixarei a raiva **me afastar dos que eu amo**.*

***Usarei a empatia sempre**, e serei mais comedido.*

*Exercerei o **controle sobre minhas emoções** negativas.*

*A **humildade** será minha maior busca **todos os dias**.*

*Sempre me lembrarei **do quanto preciso das pessoas**.*

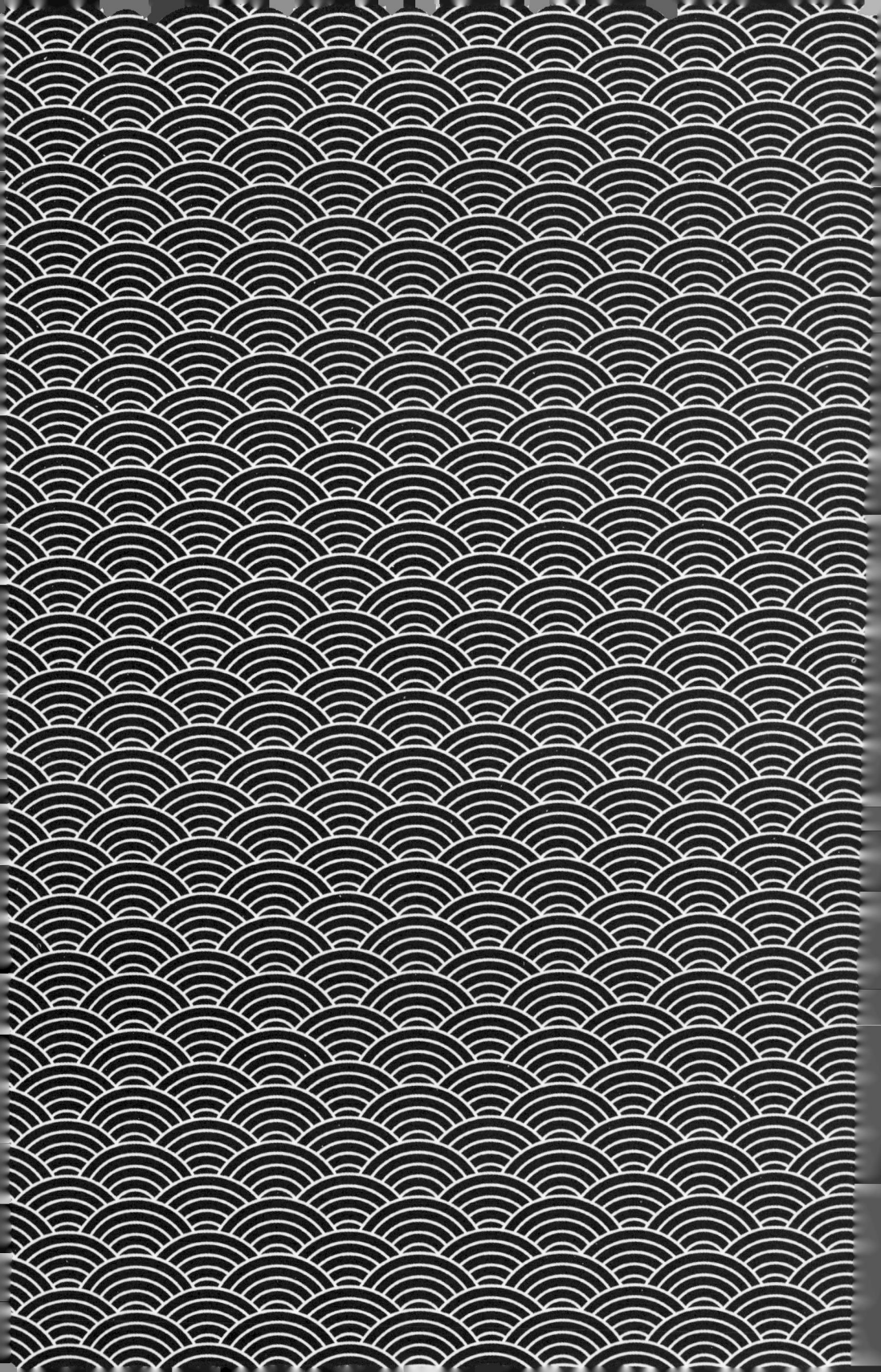

Palavras Finais

Agora você está de posse um verdadeiro TRATADO sobre seres humanos, sentimentos, formas de agir, motivações e, principalmente, PRINCÍPIOS UNIVERSAIS. Você adquiriu maior volume de **CONHECIMENTO ÚTIL** e com ele aumentou a sua RESPONSABILIDADE diante do Universo e do seu Criador.

Entenda uma coisa: sua responsabilidade sempre aumenta quando você recebe CONHECIMENTO ÚTIL. Use tudo o que você aprendeu e tudo o que ainda vai aprender com a prática das ferramentas ensinadas neste livro, e ajude as pessoas em seu caminho a mudarem suas vidas para melhor. **Você e o que você tem podem sempre ser a SOLUÇÃO para o problema de muitas pessoas.** Gosto de um trecho escrito por Willian P. Young em seu livro *A Cabana*: "Na vida, se alguma coisa importa, tudo importa. Como você é importante, tudo o que faz é importante. Todas as vezes que você perdoa, o

Universo muda; cada vez que você estende a mão e toca um coração ou uma vida, o mundo se transforma; a cada gentileza e serviço prestado por você, visto ou não visto pelas outras pessoas, os propósitos do Criador são realizados e nada jamais será igual ao que era antes".

Pratique todos os dias, leia este livro várias vezes, carregue-o com você, faça dele o seu *"manual de consultas para uma vida melhor"*. Cobre de você mesmo um crescimento mínimo semanal e mensal. Transmita o que você aprendeu a muitas pessoas que desejem ouvir; sempre haverá pessoas buscando conhecer esses assuntos.

Mas transmita CORRETAMENTE, cuidando para não alterar partes que possam produzir enganos e perdas às vidas delas. Seja leal e correto. Lembre-se que existe um PRINCÍPIO UNIVERSAL que diz: *"Você só conseguirá se lembrar daquilo que ensina".*

Espero que você tenha aproveitado tudo, ou o máximo possível. Espero que seu investimento de dinheiro e de tempo tenha valido a pena, pois apesar das minhas imperfeições, me esforcei para que isso ocorresse.

Desejo que você seja feliz, que alcance o sucesso em tudo o que você fizer. Desejo que o **Triunfo** seja parte constante das suas ações neste mundo, que sua vida seja longa, serena e feliz, sempre ao lado das pessoas que você ama e que lhe amam também. Desejo que em sua vida reine para sempre a **PAZ QUE EXCEDE TODO O ENTENDIMENTO**, a PAZ que vem de DEUS, nosso Criador e Mantenedor.

> *"Que os caminhos se abram à sua frente, que o vento esteja sempre a seu favor; que o sol aqueça sua face, e a chuva caia suavemente sobre seus campos; que a sua colheita seja sempre farta. E até que nos vejamos novamente, que o SENHOR lhe guarde na palma da mão, e que assim seja."*

Seja feliz, para sempre!
Tenha longos dias e belas noites!

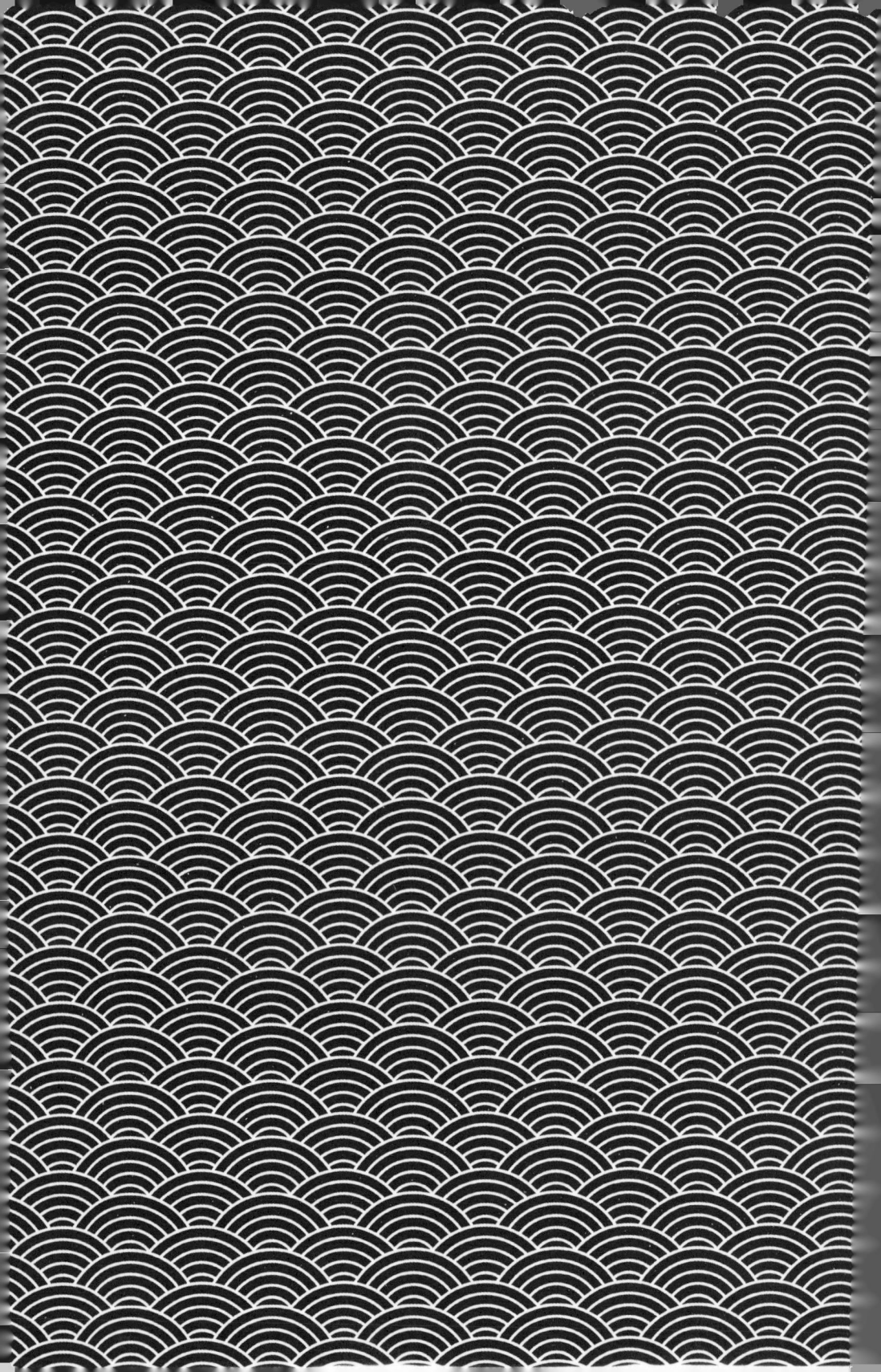

Desafio de 21 dias

Bem, você investiu seu dinheiro na compra desta obra e investiu também seu tempo na leitura, por isso chegou até aqui. Meus parabéns por isso!

Mas agora eu preciso lhe dizer que só isso não basta! Não adianta ler um livro e não colocar o conteúdo em prática na sua vida, pois isso é desperdício de tempo e TEMPO É VIDA!

A maioria das pessoas se orgulha de dizer que leu vários livros e ostenta isso mostrando a estante cheia deles para as outras pessoas. Mas RARAMENTE você encontrará pessoas que COLOCARAM EM PRÁTICA o que leram. Você é assim? Você é um dos tolos que infestam esse nosso mundo?

Os tolos não entendem a mecânica do aprendizado, mas eu vou lhe explicar, pois estou comprometido com você e com sua vida e quero que você seja muito feliz, além de ter realização nas 7 áreas de sua vida.

A MECÂNICA DO APRENDIZADO

1. O conhecimento ocorre de fora para dentro, mas o aprendizado ocorre de DENTRO PARA FORA. A palavra EDUCAÇÃO vem do latim – *educare* – que significa crescer de dentro para fora. Ou seja, você não aprende nada num livro, curso ou vídeo, você apenas adquire o conhecimento. É quando você põe em prática que o aprendizado realmente ocorre. Quanto mais você pratica melhor você fica!

2. O aprendizado tem 4 FASES ou ESTÁGIOS e cada um deles possui 3 nomes distintos. Você nunca conseguirá fugir disso, pois não há atalhos. São eles:

1-IGNORÂNCIA
2-ESTAR A PAR
3-CONHECIMENTO
4-SABEDORIA

Para que fique bem claro ao leitor eu usarei um exemplo simples e colocarei em **cada um dos 4 estágios e seus 3 nomes.** Você vai ver como não terá mais nenhuma dúvida e vai se sentir inspirado a prosseguir tendo o máximo aproveitamento.

Imagine que você ama carretas e acha lindo quando as vê pelas estradas – aquelas imensas e que carregam muitas coisas imensas. Mas você não sabe nem mesmo dirigir um carro pequeno, então não sabe nada sobre isso. Então você está no estágio UM:

Ignorância

Você não sabe o quanto não sabe

Inconscientemente Incompetente

Mas você faz amizade com alguns carreteiros e durante algumas semanas eles lhe explicam várias coisas, mostram coisas e levam você para alguns passeios pela estrada. Então você está agora no estágio DOIS:

Estar a par

Você já sabe o quanto não sabe

Conscientemente Incompetente

Então você decide tirar sua habilitação, faz os exames, faz as aulas práticas e depois de algum tempo já está habilitado e começa a dirigir uma carreta com seus amigos uma vez na semana. Algum tempo depois você está no estágio TRÊS:

Conhecimento

Você já sabe o quanto sabe

Conscientemente Competente

Agora você decide trabalhar como carreteiro, compra uma carreta para você, abre sua empresa e começa a viajar para o país todo em seu novo trabalho. Então, anos depois você estará no estágio QUATRO:

Sabedoria

Nem você sabe mais o quanto sabe

Inconscientemente Competente

Entendeu agora? Faz sentido para você o que eu expliquei aqui? Tudo na sua vida funciona assim, é impossível fugir disso, pois não existem atalhos.

Por isso eu vou levar você agora por uma jornada de aproveitamento intenso, para que você obtenha lucros imensos de seu investimento de tempo e de dinheiro nesta obra. Afinal, dinheiro você pode perder e recuperar depois de várias maneiras. Mas TEMPO não! Tempo você jamais poderá recuperar, pois uma vez gasto ele não retorna. Tempo NÃO É dinheiro, tempo É VIDA!

Nas próximas páginas vou levar você para o DESAFIO DE 21 DIAS e você vai ficar surpreso em perceber que sua mudança para melhor será tão intensa quanto será leve e agradável cada passo.

Você talvez pergunte a si mesmo: por que 21 dias? É o seguinte: o número 7 representa a PERFEIÇÃO e todo número que seja múltiplo dele traz em si a própria magia e poder de transformação. São necessários apenas 21 dias para implantar e consolidar um hábito, mas no caso de LIDAR COM GENTE, que envolve mudanças no ego, é mais seguro e garantido multiplicarmos 21 por 4 para termos uma mudança perene, sólida e permanente. Então eu lhe aconselho a fazer esse ciclo de 21 dias por mais 3 vezes após terminar os primeiros 21 dias do desafio. Seu futuro está esperando por você.

Então vem comigo, tome a minha mão, vou conduzir você até o outro lado dessa ponte, do outro lado lhe espera o SEU NOVO DESTINO, a SUA NOVA VIDA. Estou feliz por você.

DIA 01

Desafio de hoje: FICAR CALADO em 3 ocasiões e/ou situações e lugares diferentes, e escrever abaixo quais foram os benefícios de ter feito isso.

_____

_____

_____

_____

_____

_____

_____

Suas palavras sempre constroem PONTES ou ABISMOS.

DIA 02

Desafio de hoje: PERGUNTAR para 3 pessoas de seu convívio o seguinte: *Em sua opinião, existe algo que eu deva mudar em mim que lhe aborrece ou chateia?* E escrever abaixo as respostas.

....

....

....

....

....

....

....

....

Quando você está dentro da pintura não consegue enxergar a moldura.

DIA 03

Desafio de hoje: PERGUNTAR para seu cônjuge ou pais (caso seja solteiro): *Em sua opinião, existe algo que eu deva mudar em mim que lhe aborrece ou chateia?* E escrever abaixo as respostas.

_____

_____

_____

_____

_____

_____

_____

Nada é tão bom que não possa ser melhorado.

DIA 04

Desafio de hoje: PERGUNTAR para si mesmo: *Eu estou sempre pronto para ajudar as outras pessoas? Como posso melhorar nesse ponto?* E escrever abaixo as respostas.

_____

_____

_____

_____

_____

_____

_____

_____

É preferível responder errado a PERGUNTA CERTA do que responder certo a pergunta errada.

DIA 05

Desafio de hoje: PERGUNTAR para si mesmo: *Eu foco mais nas coisas positivas ou nas negativas? Como posso melhorar nesse ponto?* E escrever abaixo as respostas.

_____
_____
_____
_____
_____
_____
_____
_____

As perguntas abrem as portas do cérebro para receber as respostas que você precisa.

DIA 06

Desafio de hoje: Escolha 3 pessoas de sua convivência diária e dedique pelo menos 15 minutos para OUVIR O QUE ELAS TÊM A DIZER. Depois escreva abaixo as suas percepções da conversa e também como a pessoa se sentiu com relação a isso.

_____
_____
_____
_____
_____
_____

"As pessoas não se importam com o quanto você sabe, até saberem o quanto você se importa com as pessoas." (JOHN MAXWELL)

DIA 07

Desafio de hoje: Escolha 3 pessoas de sua convivência diária e INCENTIVE-AS (seja com palavras, gestos, elogios, mensagens de texto ou de áudio ou ligação telefônica). Depois escreva abaixo como você se sentiu após fazer isso, e também como elas se sentiram.

....

....

....

....

....

....

....

Quanto mais amor você atrai para sua vida, mais amor terá para dar aos outros.

DIA 08

Desafio de hoje: Escolha 3 pessoas de sua convivência diária e RECONHEÇA O VALOR DELAS (seja com palavras, gestos, elogios, mensagens de texto ou de áudio ou ligação telefônica). Depois escreva abaixo como você se sentiu após fazer isso, e também como elas se sentiram.

....

....

....

....

....

....

....

Primeiro você escolhe e depois você colhe.

DIA 09

Desafio de hoje: Escolha 3 pessoas da sua família e INCENTIVE-AS (seja com palavras, gestos, elogios, mensagens de texto ou de áudio ou ligação telefônica). Depois escreva abaixo como você se sentiu após fazer isso, e também como elas se sentiram.

_____

_____

_____

_____

_____

_____

No mundo tudo importa; cada gesto seu no sentido de tocar uma vida e torná-la melhor causa uma mudança ao seu redor.

DIA 10

Desafio de hoje: Escolha 3 pessoas com quem você está magoado e PERDOE-AS (não precisa dizer isso a elas. Basta mentalizar o que elas fizeram de mal a você e dizer em voz alta para você mesmo as seguintes palavras: *"Fulano, eu perdoo você por tudo o que me fez e disse! Está tudo perdoado e eu não falarei mais nisso e não pensarei mais nisso!"*). Depois escreva abaixo como você se sentiu após fazer isso. Simples assim! O PODER liberado nesse dia vai lhe surpreender.

....

....

....

....

Guardar mágoas e não perdoar é como tomar veneno e querer que a outra pessoa morra em seu lugar.

DIA 11

Desafio de hoje: PERGUNTAR para si mesmo: *Quando a vida me traz um problema, eu enfrento e resolvo ou eu perco tempo reclamando e me queixando? O que eu farei HOJE para melhorar nesse ponto?* E escrever abaixo as suas respostas.

_____
_____
_____
_____
_____
_____

Reclamar é clamar duas vezes. Quando você reclama de um problema você está clamando para ele cresça mais e que venham outros iguais a ele.

DIA 12

Desafio de hoje: Escolha 3 erros ou falhas suas que lhe magoam e PERDOE-SE. Basta mentalizar os erros cometidos e o que eles lhe causaram, como eles lhe fizeram mal e dizer em voz alta para si mesmo as seguintes palavras: *"Eu me perdoo por tudo o que fiz e disse! Se eu pudesse voltar atrás sendo quem sou hoje, não repetiria isso. Está tudo perdoado e eu não falarei mais nisso e não pensarei mais nisso!"*. Detalhe: o Universo sabe que essas palavras são reais, Deus também sabe, e ao fazer isso você TAMBÉM saberá. Depois escreva abaixo como você se sentiu após fazer o exercício. Simples assim! O PODER liberado nesse dia vai lhe surpreender.

_____

_____

_____

Deus não leva em conta nosso passado para definir nosso futuro.

DIA 13

Desafio de hoje: Escolha 3 pessoas de sua convivência e ao falar com elas, comece a conversa de FORMA POSITIVA, COM UM ASSUNTO BOM E PRODUTIVO. Depois escreva abaixo como você se sentiu após fazer isso.

_____
_____
_____
_____
_____
_____
_____
_____

Com suas palavras você sempre cria PONTES ou ABISMOS. Por isso esteja sempre atento ao falar.

DIA 14

Desafio de hoje: Escolha 3 pessoas de sua convivência e FAÇA PELO MENOS UM ELOGIO a cada uma delas. Leia a ferramenta 2 da Dinastia I antes de fazer isso, para se lembrar das regras de um elogio. Depois escreva abaixo como você se sentiu após fazer isso e o que percebeu da reação das 3 pessoas aos seus elogios.

....

....

....

....

....

....

"As palavras doces são como favos de mel, doces para a alma e saúde para os ossos."

(PROVÉRBIOS DE SALOMÃO)

DIA 15

Desafio de hoje: Escolha 7 pessoas e CHAME-AS PELO NOME quando se dirigir a elas. Se forem pessoas estranhas, é melhor ainda (podem ser atendentes de lojas, vendedores, caixas, frentistas, etc.), leia os nomes nos crachás ou pergunte a elas seus nomes e os repita. Depois escreva abaixo como você se sentiu após fazer isso e o que percebeu da reação das 7 pessoas ao seu gesto de chamá-las pelo nome.

_____
_____
_____
_____
_____

O nome de uma pessoa é o som mais doce do mundo para ela. Nomes são palavras poderosas, são mantras de poder. Use-os sempre!

DIA 16

Desafio de hoje: Escolha 2 pessoas que você acha desagradáveis por alguma razão e pergunte a si mesmo: *Por que será que essa pessoa ficou assim? Pois quando ela era um bebê ela não era assim.* Depois escreva abaixo as respostas que sua mente lhe deu.

_____
_____
_____
_____
_____

Nenhuma criança nasce odiando ou desejando se dar mal na vida. As crianças são ensinadas a fazer isso, e se podem ser ensinadas a fracassar, podem ser ensinadas a vencer.

DIA 17

Desafio de hoje: Escolha 2 pessoas das quais você não gosta muito, que lhe despertam antipatia, e TRATE-AS COMO SE FOSSEM SEUS MELHORES AMIGOS (sorria, cumprimente, pergunte como elas estão). Depois escreva abaixo as suas sensações ao fazer isso, e também quais foram as reações delas ao seu gesto.

....

....

....

....

....

....

Os rostos que você enxerga na sua rotina diária nada mais são do que reflexos do seu próprio rosto.

DIA 18

Desafio de hoje: Escolha 5 pessoas que você encontrar ao longo do dia (seja de casa ou de fora) e MELHORE O DIA DELAS através de um gesto ou de palavras suas (pode ser sorrindo e cumprimentando-as, fazendo-lhes uma gentileza, ajudando-as, abrindo portas, elogiando ou qualquer outra coisa). Depois escreva abaixo as suas sensações ao fazer isso, e também quais foram as reações delas ao seu gesto.

....

....

....

....

....

....

A porta de saída das suas dificuldades é outra pessoa em dificuldade.

DIA 19

Desafio de hoje: Escreva abaixo pelo menos 5 palavras ou frases NEGATIVAS que você costumava usar na sua vida e que mudou após ler este livro. Escreva o errado (que usava antes) e o CORRETO (que passou a usar).

Deus criou o mundo com PALAVRAS, e você está criando o SEU mundo com SUAS PALAVRAS.

DIA 20

Desafio de hoje: SORRIA PARA PELO MENOS 10 PESSOAS ao longo do dia de hoje. Comece pelas pessoas de sua família, que moram com você. Faça isso! Escreva abaixo como se sentiu após fazer isso e qual foi a reação das pessoas ao seu sorriso.

....

....

....

....

....

....

Quando sorri, você aciona áreas especiais do seu cérebro e sua saúde melhora de forma intensa, assim como sua vida.

DIA 21

Desafio de hoje: Escolha pelo menos 5 pessoas ao longo do dia e INTERESSE-SE POR ELAS. Faça como eu ensino na ferramenta 3 da Dinastia II deste livro. Siga à risca as minhas instruções. Pode ser apenas 1 minuto para cada, mas faça com o coração. Comece pelas pessoas de sua família, que moram com você. Faça isso! Escreva abaixo como se sentiu após fazer isso e qual foi a reação das pessoas ao seu gesto.

_____

_____

_____

_____

O mundo é como um grande espelho que devolve a cada um de nós o reflexo de nossas próprias ações e pensamentos.
Todo BEM retorna a nós, assim como todo mal praticado.

Parabéns!

Você concluiu o DESAFIO DE 21 DIAS. É incrível como apenas pequenos gestos ao longo do dia tem o Poder de transformar nossa vida e nossos resultados, não é mesmo?

Tenho certeza de que nesses últimos 21 dias a vida lhe deu imensos presentes e é bem provável que seus familiares tenham se beneficiado disso tanto quanto você.

Bem, se eu estou certo nisso que acabei de escrever, então não vejo motivos algum para eu lhe pedir que PROSSIGA E FAÇA MAIS 3 VEZES esse desafio. É claro que você pode repetir quantas vezes desejar esses 21 dias, afinal, quanto mais felicidade, melhor.

Agora você já sabe por si mesmo que o PODER de mudar sua vida para melhor é só seu e de mais ninguém. Isso é sabedoria. Isso é viver, o contrário é tragédia. Agora é só prosseguir e não se permitir voltar à vida de antes. E, se algum dia algo ocorrer e tentar lhe desanimar e lhe deixar triste, basta você se lembrar que A ESCOLHA É SUA.

Quero me despedir de você lhe dando os parabéns por você ser como é, por você SER VOCÊ. Obrigado por ter adquirido este livro que escrevi com tanto amor. Obrigado por confiar em mim. Mas não quero que essa despedida seja um ADEUS, por isso eu lhe convido a estar comigo no meu Canal do Telegram e no meu Grupo VIP de alunos.

Basta usar este link: **https://t.me/legiaoheroisoficial**

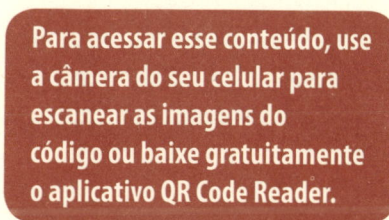

> Para acessar esse conteúdo, use a câmera do seu celular para escanear as imagens do código ou baixe gratuitamente o aplicativo QR Code Reader.

Agradeço ao meu Criador pela vida, pela saúde, pela sabedoria que Ele me concede, pelos meus alunos e seguidores que me acompanham. Agradeço à minha magnífica família que me ama e me apoia em tudo o que faço. Agradeço ao Universo por ser o condutor das bênçãos divinas em minha preciosa vida.

obrigado, obrigado, obrigado!
Gratidão, gratidão, gratidão!

Um abraço apertado, eu lhe desejo longos dias e belas noites. Para você, para as pessoas que lhe amam e são amadas por você.

Transformação pessoal, crescimento contínuo, aprendizado com equilíbrio e consciência elevada.

Essas palavras fazem sentido para você?

Se você busca a sua evolução espiritual, acesse os nossos sites e redes sociais:

iniciados.com.br
luzdaserra.com.br
loja.luzdaserraeditora.com.br

luzdaserraonline
editoraluzdaserra

luzdaserraeditora

luzdaserra

Luz da Serra
EDITORA

Avenida 15 de Novembro, 785 – Centro
Nova Petrópolis / RS – CEP 95150-000
Fone: (54) 3281-4399 / (54) 99113-7657
E-mail: livros@luzdaserra.com.br